2022年

国家统一法律职业资格考试

主观题
冲刺案例分析
民事诉讼法

杨 洋◎编著

愿为你们的诉讼法复习
"加诉度"
杨洋

中国政法大学出版社

2022·北京

图书在版编目（ＣＩＰ）数据

2022 年国家统一法律职业资格考试主观题冲刺案例分析. 民事诉讼法/杨洋编著. —北京：中国政法大学出版社，2022.8
ISBN 978-7-5764-0611-5

Ⅰ.①2… Ⅱ.①杨… Ⅲ.①民事诉讼法－中国－资格考试－自学参考资料 Ⅳ.①D92

中国版本图书馆 CIP 数据核字(2022)第 137321 号

出　版　者	中国政法大学出版社
地　　　址	北京市海淀区西土城路 25 号
邮寄地址	北京 100088 信箱 8034 分箱　邮编 100088
网　　　址	http://www.cuplpress.com （网络实名：中国政法大学出版社)
电　　　话	010-58908285(总编室) 58908433 (编辑部) 58908334(邮购部)
承　　　印	固安华明印业有限公司
开　　　本	787mm×1092mm　1/16
印　　　张	4.5
字　　　数	105 千字
版　　　次	2022 年 8 月第 1 版
印　　　次	2022 年 8 月第 1 次印刷
定　　　价	49.00 元

目　录

第一部分　策略篇

一、历年主观题考点一览

考查年份	考点内容
2021 年	房屋租赁合同的专属管辖
	申请强制执行的条件
	反诉的辨别
	证明责任的分配
2020 年	股东与公司财产混同案件中债权人起诉时被告如何确定
	协议管辖
	请求权竞合情形下当事人的确定规则
	多元的纠纷解决方式
	鉴定意见
2019 年	第三人
	重复起诉
	诉讼中止
2018 年	仲裁协议的效力
	仲裁裁决的撤销
	二审中诉讼请求的变更
	破产案件的管辖问题
	重复起诉
2017 年	侵权纠纷的管辖
	当事人的确定
	证明责任的分配
	一审审理的程序瑕疵

续表

考查年份	考点内容
2016 年	当事人的确定
	一般侵权案件中证明责任的分配
	交通事故责任认定书的证明力
	当事人申请再审的法院和事由
	再审的审理程序和审理范围
	律师执业规范
2015 年	案外人对执行标的的异议（执行异议）
	当事人申请再审
	第三人撤销之诉
	再审和第三人撤销之诉的救济模式关系
2014 年	执行和解协议的效力
	案外人对执行标的的异议（执行异议）
	第三人撤销之诉
	参与分配
2013 年	法律文书
	二审中的调解
	发回重审
	调解与判决的关系
2012 年	侵权纠纷的管辖
	证据的法定种类与理论分类
	证明责任的分配
	二审裁判
2011 年	当事人适格
	证据的法定种类
2010 年	合同纠纷的管辖
	当事人适格/处分权对审判权的制约
	上诉人与被上诉人的确定
	二审中的调解
	当事人申请再审的法院
	再审事由/再审程序/再审裁判

续表

考查年份	考点内容
2009 年	仲裁协议的效力
	仲裁中的回避/仲裁协议效力的确定
	仲裁员的选任/仲裁协议的效力异议时间
	仲裁裁决的执行/仲裁裁决的撤销
	重新仲裁
	撤销仲裁裁决的法律后果
2008 年	劳动争议的解决途径
	劳动争议案件中证明责任的分配
	先予执行
	对妨害民事诉讼行为的强制措施
	当事人申请再审
	法官职业道德
2007 年	逾期举证的效力
	调解中自认的效力
	诉讼承担/期间的延展
	二审的裁判
	雇佣活动中人身损害赔偿的责任主体
2006 年	先予执行
	民事侵权案件的受案范围
	当事人的追加/诉讼承担/变更诉讼请求
	一审裁判
	二审中当事人的确定/二审中的调解
2005 年	管辖权的异议
	再审与另行起诉
	仲裁当事人
	案外人申请再审/执行异议
	诉前保全
	执行和解

续表

考查年份	考点内容
2004 年	建筑工程施工合同纠纷的管辖
	仲裁协议效力的确认
	先予执行
	证据的合法性

二、近四年主观题的特点分析

1. 案件所涉法律关系更为复杂，主体更为多元。改变了原有常规考题中单一原被告的纠纷模式。在官方案例分析指导用书的 9 个案例中，最多出现了 7 个主体。

2. 管辖类题目所涉的地域更多，要求考生能够在准确记忆管辖规则的前提下，化繁为简地锁定被告住所地或合同履行地。

3. 与实体法，特别是合同法、侵权法的结合程度提升。例如，在官方案例指导用书的案例中，题目考查了格式合同的相关内容——格式合同因未尽提示义务而导致协议管辖无效。

4. 开放性题目明显增多，所涉案例几乎道道涉及讨论分析类题目。例如，在官方案例分析指导用书的案例中，以是否需要承担证明责任的提问方式考查对于是否属于待证事实或免证事实的判断问题，并强调考生的论证说理。

5. 强化对于考生实际分析、运用能力的考查，特别是注重题目中的经验或逻辑推理。例如，在《人民法院案例选——民事卷11》第 1454 的案例中，法官运用经验法则和逻辑推理对原被告双方各执一词、真伪不明的主张进行判断。

推理一：人们对于某一事实的陈述应当前后一致……

推理二：人们对不久前发生的事情应当记忆清楚……

推理三：借款人会以一般的借款习惯书写借条……此份借条不符合一般借款人的书写习惯，有悖于人的日常生活习惯和交易习惯。

6. 部分题目突破常规考点本身，更注重考查实务能力。例如在官方案例分析指导用书的案例中，考题考查二审法院变更案由的做法是否合法？（创制出一种新的案由——监管权、处置权）

7. 对于法条本身的规范性考查更灵活。以官方案例分析指导用书的案例为例。有问题考查对于原一审遗漏诉讼请求，再审当如何处理？估计很多考生想都不想就会说，先调解，调解不成发回重审。但是上课中我们反复强调，再审的审理范围限于再审的请求范围。因此法院不应把申请人未主张的再审事由作为审理对象，因其本身也从未行使上诉这一常规的程序性救济权。

三、民诉法与仲裁法主观题复习的核心考点（或曰分析流程）

民事诉讼案例的分析流程

第一步：主管和管辖的确定

第二步：当事人的确定

第三步：证据的辨别和证明规则的运用

第四步：具体的审判程序（一审＋二审＋再审）

第五步：执行程序（异议＋措施＋特殊的执行制度）

第六步：其他辅助和保障制度（期间、送达、保全、先予执行等）

四、民诉法与仲裁法主观题的分析建议

如果说客观题的复习在于面面俱到，需要把握每一个细碎考点，那么主观题的复习即在于抓大放小。部分客观题的考点在主观题中几乎不会考查，或者说其考查几率极低。

如果说客观题的答题注重定性，那么主观题的答题则更为注重说理。考生必须全面、直观、准确地给出定性背后的具体依据（主要是法律规范），并需结合给定的案情，此乃"案例"＋"分析"，即"案例分析"。

建议一：由问锁情："问题——案情"的分析逻辑

建议二：因应标记——案例＋分析（结合案情）

建议三：定性＋说理

建议四：法条条文具体编码（用括号方式写在最后，能写就写，最后时间统一查找）

建议五：全面、直观、具体（不漏点、不绕弯、不空洞而泛泛而谈）

民事诉讼法与仲裁法学科主观题的考点较为集中、固定，其考查方式也是有据可循。作为一名有着十年以上教龄的法考讲师，我希望本书能够辅助 2022 年的主观题 108 宝典，助力大家的主观题冲刺和顺利通关。（**切记结合 2022 年主观题 108 宝典使用**）

2022 法考民事诉讼法与仲裁法学科主观题阶段的备考路上，**我和你们在一起。若选择，便相信，若相信，便同行。让我们一起全力以赴，不留遗憾，顺利拿到 108 ＋。**

第二部分　法条篇

主观题必备法条

专题一　管辖

《民事诉讼法》第二十二条：【被告所在地法院管辖】 对公民提起的民事诉讼，由被告住所地人民法院管辖；被告住所地与经常居住地不一致的，由经常居住地人民法院管辖。

对法人或者其他组织提起的民事诉讼，由被告住所地人民法院管辖。

同一诉讼的几个被告住所地、经常居住地在两个以上人民法院辖区的，各该人民法院都有管辖权。

《民事诉讼法解释》第三条： 公民的住所地是指公民的户籍所在地，法人或者其他组织的住所地是指法人或者其他组织的主要办事机构所在地。

法人或者其他组织的主要办事机构所在地不能确定的，法人或者其他组织的注册地或者登记地为住所地。

《民事诉讼法解释》第四条： 公民的经常居住地是指公民离开住所地至起诉时已连续居住一年以上的地方，但公民住院就医的地方除外。

《民事诉讼法》第二十三条：【原告所在地法院管辖】 下列民事诉讼，由原告住所地人民法院管辖；原告住所地与经常居住地不一致的，由原告经常居住地人民法院管辖：

（一）对不在中华人民共和国领域内居住的人提起的有关身份关系的诉讼；

（二）对下落不明或者宣告失踪的人提起的有关身份关系的诉讼；

（三）对被采取强制性教育措施的人提起的诉讼；

（四）对被监禁的人提起的诉讼。

《民事诉讼法解释》第八条： 双方当事人都被监禁或者被采取强制性教育措施的，由被告原住所地人民法院管辖。被告被监禁或者被采取强制性教育措施一年以上的，由被告被监禁地或者被采取强制性教育措施地人民法院管辖。

《民事诉讼法解释》第九条： 追索赡养费、扶养费、抚养费案件的几个被告住所地不在同一辖区的，可以由原告住所地人民法院管辖。

《民事诉讼法解释》第十二条： 夫妻一方离开住所地超过一年，另一方起诉离婚的案件，可以由原告住所地人民法院管辖。

夫妻双方离开住所地超过一年，一方起诉离婚的案件，由被告经常居住地人民法院管辖；没有经常居住地的，由原告起诉时被告居住地人民法院管辖。

《民事诉讼法》第三十四条：【专属管辖】 下列案件，由本条规定的人民法院专属管辖：

（一）因不动产纠纷提起的诉讼，由不动产所在地人民法院管辖；

（二）因港口作业中发生纠纷提起的诉讼，由港口所在地人民法院管辖；

（三）因继承遗产纠纷提起的诉讼，由被继承人死亡时住所地或者主要遗产所在地人民法院管辖。

《民事诉讼法解释》第二十八条：民事诉讼法第三十四条第一项规定的不动产纠纷是指因不动产的权利确认、分割、相邻关系等引起的物权纠纷。

农村土地承包经营合同纠纷、房屋租赁合同纠纷、建设工程施工合同纠纷、政策性房屋买卖合同纠纷，按照不动产纠纷确定管辖。

不动产已登记的，以不动产登记簿记载的所在地为不动产所在地；不动产未登记的，以不动产实际所在地为不动产所在地。

《民事诉讼法》第三十五条：【协议管辖】合同或者其他财产权益纠纷的当事人可以书面协议选择被告住所地、合同履行地、合同签订地、原告住所地、标的物所在地等与争议有实际联系的地点的人民法院管辖，但不得违反本法对级别管辖和专属管辖的规定。

《民事诉讼法解释》第三十条：根据管辖协议，起诉时能够确定管辖法院的，从其约定；不能确定的，依照民事诉讼法的相关规定确定管辖。

管辖协议约定两个以上与争议有实际联系的地点的人民法院管辖，原告可以向其中一个人民法院起诉。

《民事诉讼法解释》第三十一条：经营者使用格式条款与消费者订立管辖协议，未采取合理方式提请消费者注意，消费者主张管辖协议无效的，人民法院应予支持。

《民事诉讼法解释》第三十二条：管辖协议约定由一方当事人住所地人民法院管辖，协议签订后当事人住所地变更的，由签订管辖协议时的住所地人民法院管辖，但当事人另有约定的除外。

《民事诉讼法解释》第三十三条：合同转让的，合同的管辖协议对合同受让人有效，但转让时受让人不知道有管辖协议，或者转让协议另有约定且原合同相对人同意的除外。

《民事诉讼法解释》第三十四条：当事人因同居或者在解除婚姻、收养关系后发生财产争议，约定管辖的，可以适用民事诉讼法第三十五条规定确定管辖。

《民事诉讼法》第二十四条：【合同纠纷的地域管辖】因合同纠纷提起的诉讼，由被告住所地或者合同履行地人民法院管辖。

《民事诉讼法解释》第十八条：合同约定履行地点的，以约定的履行地点为合同履行地。

合同对履行地点没有约定或者约定不明确，争议标的为给付货币的，接收货币一方所在地为合同履行地；交付不动产的，不动产所在地为合同履行地；其他标的，履行义务一方所在地为合同履行地。即时结清的合同，交易行为地为合同履行地。

合同没有实际履行，当事人双方住所地都不在合同约定的履行地的，由被告住所地人民法院管辖。

《民事诉讼法解释》第十九条：财产租赁合同、融资租赁合同以租赁物使用地为合同履行地。合同对履行地有约定的，从其约定。

《民事诉讼法解释》第二十条：以信息网络方式订立的买卖合同，通过信息网络交付标的的，以买受人住所地为合同履行地；通过其他方式交付标的的，收货地为合同履行地。合同对履行地有约定的，从其约定。

《民事诉讼法》第二十九条：【侵权纠纷的地域管辖】因侵权行为提起的诉讼，由侵权行为地或者被告住所地人民法院管辖。

《民事诉讼法解释》第二十五条：信息网络侵权行为实施地包括实施被诉侵权行为的计算机等信息设备所在地，侵权结果发生地包括被侵权人住所地。

《民事诉讼法解释》第二十六条：因产品、服务质量不合格造成他人财产、人身损害提起的诉讼，产品制造地、产品销售地、服务提供地、侵权行为地和被告住所地人民法院都有管辖权。

《民事诉讼法》第三十条：【交通事故损害赔偿纠纷的地域管辖】因铁路、公路、水上和航空事故请求损害赔偿提起的诉讼，由事故发生地或者车辆、船舶最先到达地、航空器最先降落地或者被告住所地人民法院管辖。

《民事诉讼法》第三十六条：【共同管辖与选择管辖】两个以上人民法院都有管辖权的诉讼，原告可以向其中一个人民法院起诉；原告向两个以上有管辖权的人民法院起诉的，由最先立案的人民法院管辖。

《民事诉讼法》第三十七条：【移送管辖】人民法院发现受理的案件不属于本院管辖的，应当移送有管辖权的人民法院，受移送的人民法院应当受理。受移送的人民法院认为受移送的案件依照规定不属于本院管辖的，应当报请上级人民法院指定管辖，不得再自行移送。

《民事诉讼法解释》第三十六条：两个以上人民法院都有管辖权的诉讼，先立案的人民法院不得将案件移送给另一个有管辖权的人民法院。人民法院在立案前发现其他有管辖权的人民法院已先立案的，不得重复立案；立案后发现其他有管辖权的人民法院已先立案的，裁定将案件移送给先立案的人民法院。

《民事诉讼法》第三十八条：【指定管辖】有管辖权的人民法院由于特殊原因，不能行使管辖权的，由上级人民法院指定管辖。

人民法院之间因管辖权发生争议，由争议双方协商解决；协商解决不了的，报请它们的共同上级人民法院指定管辖。

《民事诉讼法解释》第四十条：依照民事诉讼法第三十八条第二款规定，发生管辖权争议的两个人民法院因协商不成报请它们的共同上级人民法院指定管辖时，双方为同属一个地、市、辖区的基层人民法院的，由该地、市的中级人民法院及时指定管辖；同属一个省、自治区、直辖市的两个人民法院的，由该省、自治区、直辖市的高级人民法院及时指定管辖；双方为跨省、自治区、直辖市的人民法院，高级人民法院协商不成的，由最高人民法院及时指定管辖。

依照前款规定报请上级人民法院指定管辖时，应当逐级进行。

《民事诉讼法解释》第四十一条：人民法院依照民事诉讼法第三十八条第二款规定指定管辖的，应当作出裁定。

对报请上级人民法院指定管辖的案件，下级人民法院应当中止审理。指定管辖裁定作出前，下级人民法院对案件作出判决、裁定的，上级人民法院应当在裁定指定管辖的同时，一并撤销下级人民法院的判决、裁定。

《民事诉讼法》第三十九条：【管辖权转移】上级人民法院有权审理下级人民法院管辖的第一审民事案件；确有必要将本院管辖的第一审民事案件交下级人民法院审理的，应当报请其上级人民法院批准。

下级人民法院对它所管辖的第一审民事案件，认为需要由上级人民法院审理的，可以报请上级人民法院审理。

《民事诉讼法解释》第四十二条：下列第一审民事案件，人民法院依照民事诉讼法第三十九条第一款规定，可以在开庭前交下级人民法院审理：

（一）破产程序中有关债务人的诉讼案件；

（二）当事人人数众多且不方便诉讼的案件；

（三）最高人民法院确定的其他类型案件。

人民法院交下级人民法院审理前，应当报请其上级人民法院批准。上级人民法院批准后，人民法院应当裁定将案件交下级人民法院审理。

《民事诉讼法》第一百三十条：【管辖权异议与应诉管辖】 人民法院受理案件后，当事人对管辖权有异议的，应当在提交答辩状期间提出。人民法院对当事人提出的异议，应当审查。异议成立的，裁定将案件移送有管辖权的人民法院；异议不成立的，裁定驳回。

当事人未提出管辖异议，并应诉答辩的，视为受诉人民法院有管辖权，但违反级别管辖和专属管辖规定的除外。

《民事诉讼法解释》第二百二十三条： 当事人在提交答辩状期间提出管辖异议，又针对起诉状的内容进行答辩的，人民法院应当依照民事诉讼法第一百三十条第一款的规定，对管辖异议进行审查。

当事人未提出管辖异议，就案件实体内容进行答辩、陈述或者反诉的，可以认定为民事诉讼法第一百三十条第二款规定的应诉答辩。

最高人民法院《关于审理民事级别管辖异议案件若干问题的规定》第二条： 在管辖权异议裁定作出前，原告申请撤回起诉，受诉人民法院作出准予撤回起诉裁定的，对管辖权异议不再审查，并在裁定书中一并写明。

最高人民法院《关于审理民事级别管辖异议案件若干问题的规定》第三条： 提交答辩状期间届满后，原告增加诉讼请求金额致使案件标的额超过受诉人民法院级别管辖标准，被告提出管辖权异议，请求由上级人民法院管辖的，人民法院应按照本规定第一条审查并作出裁定。

最高人民法院《关于审理民事级别管辖异议案件若干问题的规定》第六条： 当事人未依法提出管辖权异议，但受诉人民法院发现其没有级别管辖权的，应当将案件移送有管辖权的人民法院审理。

专题二　当事人

《民事诉讼法解释》第五十三条： 法人非依法设立的分支机构，或者虽依法设立，但没有领取营业执照的分支机构，以设立该分支机构的法人为当事人。

《民事诉讼法解释》第五十八条： 在劳务派遣期间，被派遣的工作人员因执行工作任务造成他人损害的，以接受劳务派遣的用工单位为当事人。当事人主张劳务派遣单位承担责任的，该劳务派遣单位为共同被告。

《民事诉讼法解释》第五十九条： 在诉讼中，个体工商户以营业执照上登记的经营者为当事人。有字号的，以营业执照上登记的字号为当事人，但应同时注明该字号经营者的基本信息。

营业执照上登记的经营者与实际经营者不一致的，以登记的经营者和实际经营者为共同诉讼人。

《民事诉讼法解释》第六十条： 在诉讼中，未依法登记领取营业执照的个人合伙的全体合伙人为共同诉讼人。个人合伙有依法核准登记的字号的，应在法律文书中注明登记的字号。全体合伙人可以推选代表人；被推选的代表人，应由全体合伙人出具推选书。

《民事诉讼法解释》第六十三条： 企业法人合并的，因合并前的民事活动发生的纠纷，以合并后的企业为当事人；企业法人分立的，因分立前的民事活动发生的纠纷，以分立后的企业为共同诉讼人。

《民事诉讼法解释》第六十四条： 企业法人解散的，依法清算并注销前，以该企业法人为当事人；未依法清算即被注销的，以该企业法人的股东、发起人或者出资人为当事人。

《民事诉讼法解释》第六十六条：因保证合同纠纷提起的诉讼，债权人向保证人和被保证人一并主张权利的，人民法院应当将保证人和被保证人列为共同被告。保证合同约定为一般保证，债权人仅起诉保证人的，人民法院应当通知被保证人作为共同被告参加诉讼；债权人仅起诉被保证人的，可以只列被保证人为被告。

《民事诉讼法解释》第六十七条：无民事行为能力人、限制民事行为能力人造成他人损害的，无民事行为能力人、限制民事行为能力人和其监护人为共同被告。

《民事诉讼法解释》第六十八条：居民委员会、村民委员会或者村民小组与他人发生民事纠纷的，居民委员会、村民委员会或者有独立财产的村民小组为当事人。

《民事诉讼法解释》第六十九条：对侵害死者遗体、遗骨以及姓名、肖像、名誉、荣誉、隐私等行为提起诉讼的，死者的近亲属为当事人。

《民事诉讼法》第五十五条：【共同诉讼】当事人一方或者双方为二人以上，其诉讼标的是共同的，或者诉讼标的是同一种类、人民法院认为可以合并审理并经当事人同意的，为共同诉讼。

共同诉讼的一方当事人对诉讼标的有共同权利义务的，其中一人的诉讼行为经其他共同诉讼人承认，对其他共同诉讼人发生效力；对诉讼标的没有共同权利义务的，其中一人的诉讼行为对其他共同诉讼人不发生效力。

《民事诉讼法解释》第五十四条：以挂靠形式从事民事活动，当事人请求由挂靠人和被挂靠人依法承担民事责任的，该挂靠人和被挂靠人为共同诉讼人。

《民事诉讼法解释》第五十八条：在劳务派遣期间，被派遣的工作人员因执行工作任务造成他人损害的，以接受劳务派遣的用工单位为当事人。当事人主张劳务派遣单位承担责任的，该劳务派遣单位为共同被告。

《民事诉讼法解释》第六十三条：企业法人合并的，因合并前的民事活动发生的纠纷，以合并后的企业为当事人；企业法人分立的，因分立前的民事活动发生的纠纷，以分立后的企业为共同诉讼人。

《民事诉讼法解释》第六十五条：借用业务介绍信、合同专用章、盖章的空白合同书或者银行账户的，出借单位和借用人为共同诉讼人。

《民事诉讼法解释》第六十六条：因保证合同纠纷提起的诉讼，债权人向保证人和被保证人一并主张权利的，人民法院应当将保证人和被保证人列为共同被告。保证合同约定为一般保证，债权人仅起诉保证人的，人民法院应当通知被保证人作为共同被告参加诉讼；债权人仅起诉被保证人的，可以只列被保证人为被告。

《民事诉讼法解释》第六十七条：无民事行为能力人、限制民事行为能力人造成他人损害的，无民事行为能力人、限制民事行为能力人和其监护人为共同被告。

《民事诉讼法解释》第七十条：在继承遗产的诉讼中，部分继承人起诉的，人民法院应通知其他继承人作为共同原告参加诉讼；被通知的继承人不愿意参加诉讼又未明确表示放弃实体权利的，人民法院仍应将其列为共同原告。

《民事诉讼法解释》第七十一条：原告起诉被代理人和代理人，要求承担连带责任的，被代理人和代理人为共同被告。

原告起诉代理人和相对人，要求承担连带责任的，代理人和相对人为共同被告。

《民事诉讼法解释》第七十二条：共有财产权受到他人侵害，部分共有权人起诉的，其他共有权人为共同诉讼人。

《民事诉讼法解释》第七十三条：必须共同进行诉讼的当事人没有参加诉讼的，人民法院应当依照民事诉讼法第一百三十五条的规定，通知其参加；当事人也可以向人民法院申请追加。人民法院对当事人提出的申请，应当进行审查，申请理由不成立的，裁定驳回；申请理由成立的，书面通知被追加的当事人参加诉讼。

《民事诉讼法解释》第七十四条：人民法院追加共同诉讼的当事人时，应当通知其他当事人。应当追加的原告，已明确表示放弃实体权利的，可不予追加；既不愿意参加诉讼，又不放弃实体权利的，仍应追加为共同原告，其不参加诉讼，不影响人民法院对案件的审理和依法作出判决。

《民事诉讼法》第五十六条：【人数确定的代表人诉讼】当事人一方人数众多的共同诉讼，可以由当事人推选代表人进行诉讼。代表人的诉讼行为对其所代表的当事人发生效力，但代表人变更、放弃诉讼请求或者承认对方当事人的诉讼请求，进行和解，必须经被代表的当事人同意。

《民事诉讼法解释》第七十五条：民事诉讼法第五十六条、第五十七条和第二百零六条规定的人数众多，一般指十人以上。

《民事诉讼法解释》第七十六条：依照民事诉讼法第五十六条规定，当事人一方人数众多在起诉时确定的，可以由全体当事人推选共同的代表人，也可以由部分当事人推选自己的代表人；推选不出代表人的当事人，在必要的共同诉讼中可以自己参加诉讼，在普通的共同诉讼中可以另行起诉。

《民事诉讼法》第五十七条：【人数不确定的代表人诉讼】诉讼标的是同一种类、当事人一方人数众多在起诉时人数尚未确定的，人民法院可以发出公告，说明案件情况和诉讼请求，通知权利人在一定期间向人民法院登记。

向人民法院登记的权利人可以推选代表人进行诉讼；推选不出代表人的，人民法院可以与参加登记的权利人商定代表人。

代表人的诉讼行为对其所代表的当事人发生效力，但代表人变更、放弃诉讼请求或者承认对方当事人的诉讼请求，进行和解，必须经被代表的当事人同意。

人民法院作出的判决、裁定，对参加登记的全体权利人发生效力。未参加登记的权利人在诉讼时效期间提起诉讼的，适用该判决、裁定。

《民事诉讼法解释》第七十七条：根据民事诉讼法第五十七条规定，当事人一方人数众多在起诉时不确定的，由当事人推选代表人。当事人推选不出的，可以由人民法院提出人选与当事人协商；协商不成的，也可以由人民法院在起诉的当事人中指定代表人。

《民事诉讼法解释》第七十八条：民事诉讼法第五十六条和第五十七条规定的代表人为二至五人，每位代表人可以委托一至二人作为诉讼代理人。

《民事诉讼法解释》第八十条：根据民事诉讼法第五十七条规定向人民法院登记的权利人，应当证明其与对方当事人的法律关系和所受到的损害。证明不了的，不予登记，权利人可以另行起诉。人民法院的裁判在登记的范围内执行。未参加登记的权利人提起诉讼，人民法院认定其请求成立的，裁定适用人民法院已作出的判决、裁定。

《民事诉讼法》第五十八条：【公益诉讼】对污染环境、侵害众多消费者合法权益等损害社会公共利益的行为，法律规定的机关和有关组织可以向人民法院提起诉讼。

人民检察院在履行职责中发现破坏生态环境和资源保护、食品药品安全领域侵害众多消费者合法权益等损害社会公共利益的行为，在没有前款规定的机关和组织或者前款规定的机关和组织不提起诉讼的情况下，可以向人民法院提起诉讼。前款规定的机关或者组织提起诉讼的，人民检察院可以支持起诉。

《民事诉讼法解释》第二百八十二条：环境保护法、消费者权益保护法等法律规定的机关和有关组织对污染环境、侵害众多消费者合法权益等损害社会公共利益的行为，根据民事诉讼法第五十八条规定提起公益诉讼，符合下列条件的，人民法院应当受理：

（一）有明确的被告；

（二）有具体的诉讼请求；

（三）有社会公共利益受到损害的初步证据；

（四）属于人民法院受理民事诉讼的范围和受诉人民法院管辖。

《民事诉讼法解释》第二百八十三条：公益诉讼案件由侵权行为地或者被告住所地中级人民法院管辖，但法律、司法解释另有规定的除外。

因污染海洋环境提起的公益诉讼，由污染发生地、损害结果地或者采取预防污染措施地海事法院管辖。

对同一侵权行为分别向两个以上人民法院提起公益诉讼的，由最先立案的人民法院管辖，必要时由它们的共同上级人民法院指定管辖。

《民事诉讼法解释》第二百八十五条：人民法院受理公益诉讼案件后，依法可以提起诉讼的其他机关和有关组织，可以在开庭前向人民法院申请参加诉讼。人民法院准许参加诉讼的，列为共同原告。

《民事诉讼法解释》第二百八十六条：人民法院受理公益诉讼案件，不影响同一侵权行为的受害人根据民事诉讼法第一百二十二条规定提起诉讼。

《民事诉讼法解释》第二百八十七条：对公益诉讼案件，当事人可以和解，人民法院可以调解。

当事人达成和解或者调解协议后，人民法院应当将和解或者调解协议进行公告。公告期间不得少于三十日。

公告期满后，人民法院经审查，和解或者调解协议不违反社会公共利益的，应当出具调解书；和解或者调解协议违反社会公共利益的，不予出具调解书，继续对案件进行审理并依法作出裁判。

《民事诉讼法解释》第二百八十八条：公益诉讼案件的原告在法庭辩论终结后申请撤诉的，人民法院不予准许。

《民事诉讼法解释》第二百八十九条：公益诉讼案件的裁判发生法律效力后，其他依法具有原告资格的机关和有关组织就同一侵权行为另行提起公益诉讼的，人民法院裁定不予受理，但法律、司法解释另有规定的除外。

《民事诉讼法》第五十九条第一款和第二款：【第三人】对当事人双方的诉讼标的，第三人认为有独立请求权的，有权提起诉讼。

对当事人双方的诉讼标的，第三人虽然没有独立请求权，但案件处理结果同他有法律上的利害关系的，可以申请参加诉讼，或者由人民法院通知他参加诉讼。人民法院判决承担民事责任的第三人，有当事人的诉讼权利义务。

《民事诉讼法解释》第八十一条：根据民事诉讼法第五十九条的规定，有独立请求权的第三人有权向人民法院提出诉讼请求和事实、理由，成为当事人；无独立请求权的第三人，可以申请或者由人民法院通知参加诉讼。

第一审程序中未参加诉讼的第三人，申请参加第二审程序的，人民法院可以准许。

《民事诉讼法解释》第八十二条：在一审诉讼中，无独立请求权的第三人无权提出管辖异议，无权放弃、变更诉讼请求或者申请撤诉，被判决承担民事责任的，有权提起上诉。

《民事诉讼法》第五十九条第三款：【第三人撤销之诉】 前两款规定的第三人，因不能归责于本人的事由未参加诉讼，但有证据证明发生法律效力的判决、裁定、调解书的部分或者全部内容错误，损害其民事权益的，可以自知道或者应当知道其民事权益受到损害之日起六个月内，向作出该判决、裁定、调解书的人民法院提起诉讼。人民法院经审理，诉讼请求成立的，应当改变或者撤销原判决、裁定、调解书；诉讼请求不成立的，驳回诉讼请求。

《民事诉讼法解释》第二百九十二条： 人民法院对第三人撤销之诉案件，应当组成合议庭开庭审理。

《民事诉讼法解释》第二百九十五条： 对下列情形提起第三人撤销之诉的，人民法院不予受理：

（一）适用特别程序、督促程序、公示催告程序、破产程序等非讼程序处理的案件；

（二）婚姻无效、撤销或者解除婚姻关系等判决、裁定、调解书中涉及身份关系的内容；

（三）民事诉讼法第五十七条规定的未参加登记的权利人对代表人诉讼案件的生效裁判；

（四）民事诉讼法第五十八条规定的损害社会公共利益行为的受害人对公益诉讼案件的生效裁判。

《民事诉讼法解释》第二百九十六条： 第三人提起撤销之诉，人民法院应当将该第三人列为原告，生效判决、裁定、调解书的当事人列为被告，但生效判决、裁定、调解书中没有承担责任的无独立请求权的第三人列为第三人。

《民事诉讼法解释》第二百九十七条： 受理第三人撤销之诉案件后，原告提供相应担保，请求中止执行的，人民法院可以准许。

《民事诉讼法解释》第二百九十八条： 对第三人撤销或者部分撤销发生法律效力的判决、裁定、调解书内容的请求，人民法院经审理，按下列情形分别处理：

（一）请求成立且确认其民事权利的主张全部或部分成立的，改变原判决、裁定、调解书内容的错误部分；

（二）请求成立，但确认其全部或部分民事权利的主张不成立，或者未提出确认其民事权利请求的，撤销原判决、裁定、调解书内容的错误部分；

（三）请求不成立的，驳回诉讼请求。

对前款规定裁判不服的，当事人可以上诉。

原判决、裁定、调解书的内容未改变或者未撤销的部分继续有效。

《民事诉讼法解释》第二百九十九条： 第三人撤销之诉案件审理期间，人民法院对生效判决、裁定、调解书裁定再审的，受理第三人撤销之诉的人民法院应当裁定将第三人的诉讼请求并入再审程序。但有证据证明原审当事人之间恶意串通损害第三人合法权益的，人民法院应当先行审理第三人撤销之诉案件，裁定中止再审诉讼。

《民事诉讼法解释》第三百条： 第三人诉讼请求并入再审程序审理的，按照下列情形分别处理：

（一）按照第一审程序审理的，人民法院应当对第三人的诉讼请求一并审理，所作的判决可以上诉；

（二）按照第二审程序审理的，人民法院可以调解，调解达不成协议的，应当裁定撤销原判决、裁定、调解书，发回一审法院重审，重审时应当列明第三人。

《民事诉讼法解释》第三百零一条： 第三人提起撤销之诉后，未中止生效判决、裁定、调解书执行的，执行法院对第三人依照民事诉讼法第二百三十四条规定提出的执行异议，应予审查。第三人不服驳回执行异议裁定，申请对原判决、裁定、调解书再审的，人民法院不予受理。

案外人对人民法院驳回其执行异议裁定不服，认为原判决、裁定、调解书内容错误损害其合法权益的，应当根据民事诉讼法第二百三十四条规定申请再审，提起第三人撤销之诉的，人民法院不予受理。

专题三 证据

《民事诉讼法》第六十六条：【证据的法定类型】 证据包括：

（一）当事人的陈述；

（二）书证；

（三）物证；

（四）视听资料；

（五）电子数据；

（六）证人证言；

（七）鉴定意见；

（八）勘验笔录。

证据必须查证属实，才能作为认定事实的根据。

《证据规定》第三条： 在诉讼过程中，一方当事人陈述的于己不利的事实，或者对于己不利的事实明确表示承认的，另一方当事人无需举证证明。

在证据交换、询问、调查过程中，或者在起诉状、答辩状、代理词等书面材料中，当事人明确承认于己不利的事实的，适用前款规定。

《证据规定》第四条： 一方当事人对于另一方当事人主张的于己不利的事实既不承认也不否认，经审判人员说明并询问后，其仍然不明确表示肯定或者否定的，视为对该事实的承认。

《证据规定》第五条： 当事人委托诉讼代理人参加诉讼的，除授权委托书明确排除的事项外，诉讼代理人的自认视为当事人的自认。

当事人在场对诉讼代理人的自认明确否认的，不视为自认。

《证据规定》第六条： 普通共同诉讼中，共同诉讼人中一人或者数人作出的自认，对作出自认的当事人发生效力。

必要共同诉讼中，共同诉讼人中一人或者数人作出自认而其他共同诉讼人予以否认的，不发生自认的效力。其他共同诉讼人既不承认也不否认，经审判人员说明并询问后仍不明确表示意见的，视为全体共同诉讼人的自认。

《证据规定》第七条： 一方当事人对于另一方当事人主张的于己不利的事实有所限制或者附加条件予以承认的，由人民法院综合案件情况决定是否构成自认。

《证据规定》第八条：《最高人民法院关于适用〈中华人民共和国民事诉讼法〉的解释》第九十六条第一款规定的事实，不适用有关自认的规定。

自认的事实与已经查明的事实不符的，人民法院不予确认。

《民事诉讼法解释》第九十六条第一款： 民事诉讼法第六十七条第二款规定的人民法院认为审理案件需要的证据包括：

（一）涉及可能损害国家利益、社会公共利益的；

（二）涉及身份关系的；

（三）涉及民事诉讼法第五十八条规定诉讼的；

（四）当事人有恶意串通损害他人合法权益可能的；

（五）涉及依职权追加当事人、中止诉讼、终结诉讼、回避等程序性事项的。

《证据规定》第九条：有下列情形之一，当事人在法庭辩论终结前撤销自认的，人民法院应当准许：

（一）经对方当事人同意的；

（二）自认是在受胁迫或者重大误解情况下作出的。

人民法院准许当事人撤销自认的，应当作出口头或者书面裁定。

《民事诉讼法解释》第九十条：当事人对自己提出的诉讼请求所依据的事实或者反驳对方诉讼请求所依据的事实，应当提供证据加以证明，但法律另有规定的除外。

在作出判决前，当事人未能提供证据或者证据不足以证明其事实主张的，由负有举证证明责任的当事人承担不利的后果。

《民事诉讼法解释》第九十一条：人民法院应当依照下列原则确定举证证明责任的承担，但法律另有规定的除外：

（一）主张法律关系存在的当事人，应当对产生该法律关系的基本事实承担举证证明责任；

（二）主张法律关系变更、消灭或者权利受到妨害的当事人，应当对该法律关系变更、消灭或者权利受到妨害的基本事实承担举证证明责任。

《民事诉讼法解释》第一百零八条：对负有举证证明责任的当事人提供的证据，人民法院经审查并结合相关事实，确信待证事实的存在具有高度可能性的，应当认定该事实存在。

对一方当事人为反驳负有举证证明责任的当事人所主张事实而提供的证据，人民法院经审查并结合相关事实，认为待证事实真伪不明的，应当认定该事实不存在。

法律对于待证事实所应达到的证明标准另有规定的，从其规定。

《民事诉讼法解释》第一百零九条：当事人对欺诈、胁迫、恶意串通事实的证明，以及对口头遗嘱或者赠与事实的证明，人民法院确信该待证事实存在的可能性能够排除合理怀疑的，应当认定该事实存在。

《民事诉讼法》第六十八条：【举证时限】当事人对自己提出的主张应当及时提供证据。

人民法院根据当事人的主张和案件审理情况，确定当事人应当提供的证据及其期限。当事人在该期限内提供证据确有困难的，可以向人民法院申请延长期限，人民法院根据当事人的申请适当延长。当事人逾期提供证据的，人民法院应当责令其说明理由；拒不说明理由或者理由不成立的，人民法院根据不同情形可以不予采纳该证据，或者采纳该证据但予以训诫、罚款。

《民事诉讼法解释》第九十九条：人民法院应当在审理前的准备阶段确定当事人的举证期限。举证期限可以由当事人协商，并经人民法院准许。

人民法院确定举证期限，第一审普通程序案件不得少于十五日，当事人提供新的证据的第二审案件不得少于十日。

举证期限届满后，当事人对已经提供的证据，申请提供反驳证据或者对证据来源、形式等方面的瑕疵进行补正的，人民法院可以酌情再次确定举证期限，该期限不受前款规定的限制。

《民事诉讼法解释》第一百条：当事人申请延长举证期限的，应当在举证期限届满前向人民法院提出书面申请。

申请理由成立的，人民法院应当准许，适当延长举证期限，并通知其他当事人。延长的举证期限适用于其他当事人。

申请理由不成立的，人民法院不予准许，并通知申请人。

《民事诉讼法解释》第一百零一条：当事人逾期提供证据的，人民法院应当责令其说明理由，必要时可以要求其提供相应的证据。

当事人因客观原因逾期提供证据，或者对方当事人对逾期提供证据未提出异议的，视为未逾期。

《民事诉讼法解释》第一百零二条：当事人因故意或者重大过失逾期提供的证据，人民法院不予采纳。但该证据与案件基本事实有关的，人民法院应当采纳，并依照民事诉讼法第六十八条、第一百一十八条第一款的规定予以训诫、罚款。

当事人非因故意或者重大过失逾期提供的证据，人民法院应当采纳，并对当事人予以训诫。

当事人一方要求另一方赔偿因逾期提供证据致使其增加的交通、住宿、就餐、误工、证人出庭作证等必要费用的，人民法院可予支持。

《证据规定》第九十条：下列证据不能单独作为认定案件事实的根据：

（一）当事人的陈述；

（二）无民事行为能力人或者限制民事行为能力人所作的与其年龄、智力状况或者精神健康状况不相当的证言；

（三）与一方当事人或者其代理人有利害关系的证人陈述的证言；

（四）存有疑点的视听资料、电子数据；

（五）无法与原件、原物核对的复印件、复制品。

专题四　普通程序

《民事诉讼法》第一百二十二条：【起诉条件】起诉必须符合下列条件：

（一）原告是与本案有直接利害关系的公民、法人和其他组织；

（二）有明确的被告；

（三）有具体的诉讼请求和事实、理由；

（四）属于人民法院受理民事诉讼的范围和受诉人民法院管辖。

《民事诉讼法解释》第二百零九条：原告提供被告的姓名或者名称、住所等信息具体明确，足以使被告与他人相区别的，可以认定为有明确的被告。

起诉状列写被告信息不足以认定明确的被告的，人民法院可以告知原告补正。原告补正后仍不能确定明确的被告的，人民法院裁定不予受理。

《民事诉讼法》第一百二十六条：【法院对起诉的处理之一】人民法院应当保障当事人依照法律规定享有的起诉权利。对符合本法第一百二十二条的起诉，必须受理。符合起诉条件的，应当在七日内立案，并通知当事人；不符合起诉条件的，应当在七日内作出裁定书，不予受理；原告对裁定不服的，可以提起上诉。

《民事诉讼法解释》第二百零八条：人民法院接到当事人提交的民事起诉状时，对符合民事诉讼法第一百二十二条的规定，且不属于第一百二十七条规定情形的，应当登记立案；对当场不能判定是否符合起诉条件的，应当接收起诉材料，并出具注明收到日期的书面凭证。

需要补充必要相关材料的，人民法院应当及时告知当事人。在补齐相关材料后，应当在七日内决定是否立案。

立案后发现不符合起诉条件或者属于民事诉讼法第一百二十七条规定情形的，裁定驳回起诉。

《民事诉讼法》第一百二十七条：【特殊情况的处理】人民法院对下列起诉，分别情形，予以处理：

（一）依照行政诉讼法的规定，属于行政诉讼受案范围的，告知原告提起行政诉讼；

（二）依照法律规定，双方当事人达成书面仲裁协议申请仲裁、不得向人民法院起诉的，告知原告向仲裁机构申请仲裁；

（三）依照法律规定，应当由其他机关处理的争议，告知原告向有关机关申请解决；

（四）对不属于本院管辖的案件，告知原告向有管辖权的人民法院起诉；

（五）对判决、裁定、调解书已经发生法律效力的案件，当事人又起诉的，告知原告申请再审，但人民法院准许撤诉的裁定除外；

（六）依照法律规定，在一定期限内不得起诉的案件，在不得起诉的期限内起诉的，不予受理；

（七）判决不准离婚和调解和好的离婚案件，判决、调解维持收养关系的案件，没有新情况、新理由，原告在六个月内又起诉的，不予受理。

《民事诉讼法解释》第二百一十一条：对本院没有管辖权的案件，告知原告向有管辖权的人民法院起诉；原告坚持起诉的，裁定不予受理；立案后发现本院没有管辖权的，应当将案件移送有管辖权的人民法院。

《民事诉讼法解释》第二百一十二条：裁定不予受理、驳回起诉的案件，原告再次起诉，符合起诉条件且不属于民事诉讼法第一百二十七条规定情形的，人民法院应予受理。

《民事诉讼法解释》第二百一十四条：原告撤诉或者人民法院按撤诉处理后，原告以同一诉讼请求再次起诉的，人民法院应予受理。

原告撤诉或者按撤诉处理的离婚案件，没有新情况、新理由，六个月内又起诉的，比照民事诉讼法第一百二十七条第七项的规定不予受理。

《民事诉讼法解释》第二百一十五条：依照民事诉讼法第一百二十七条第二项的规定，当事人在书面合同中订有仲裁条款，或者在发生纠纷后达成书面仲裁协议，一方向人民法院起诉的，人民法院应当告知原告向仲裁机构申请仲裁，其坚持起诉的，裁定不予受理，但仲裁条款或者仲裁协议不成立、无效、失效、内容不明确无法执行的除外。

《民事诉讼法解释》第二百一十七条：夫妻一方下落不明，另一方诉至人民法院，只要求离婚，不申请宣告下落不明人失踪或者死亡的案件，人民法院应当受理，对下落不明人公告送达诉讼文书。

《民事诉讼法解释》第二百一十八条：赡养费、扶养费、抚养费案件，裁判发生法律效力后，因新情况、新理由，一方当事人再行起诉要求增加或者减少费用的，人民法院应作为新案受理。

《民事诉讼法解释》第二百一十九条：当事人超过诉讼时效期间起诉的，人民法院应予受理。受理后对方当事人提出诉讼时效抗辩，人民法院经审理认为抗辩事由成立的，判决驳回原告的诉讼请求。

《民事诉讼法》第一百二十五条：【先行调解原则】当事人起诉到人民法院的民事纠纷，适宜调解的，先行调解，但当事人拒绝调解的除外。

《民事诉讼法》第一百三十六条：【程序分流】人民法院对受理的案件，分别情形，予以处理：

（一）当事人没有争议，符合督促程序规定条件的，可以转入督促程序；

（二）开庭前可以调解的，采取调解方式及时解决纠纷；

（三）根据案件情况，确定适用简易程序或者普通程序；

（四）需要开庭审理的，通过要求当事人交换证据等方式，明确争议焦点。

《民事诉讼法解释》第二百二十四条：依照民事诉讼法第一百三十六条第四项规定，人民法院可以在答辩期届满后，通过组织证据交换、召集庭前会议等方式，作好审理前的准备。

《民事诉讼法解释》第二百二十五条：根据案件具体情况，庭前会议可以包括下列内容：

（一）明确原告的诉讼请求和被告的答辩意见；

（二）审查处理当事人增加、变更诉讼请求的申请和提出的反诉，以及第三人提出的与本案有关的诉讼请求；

（三）根据当事人的申请决定调查收集证据，委托鉴定，要求当事人提供证据，进行勘验，进行证据保全；

（四）组织交换证据；

（五）归纳争议焦点；

（六）进行调解。

专题五　简易程序

《民事诉讼法》第一百六十条：【简易程序的适用范围】基层人民法院和它派出的法庭审理事实清楚、权利义务关系明确、争议不大的简单的民事案件，适用本章规定。

基层人民法院和它派出的法庭审理前款规定以外的民事案件，当事人双方也可以约定适用简易程序。

《民事诉讼法解释》第二百五十七条：下列案件，不适用简易程序：

（一）起诉时被告下落不明的；

（二）发回重审的；

（三）当事人一方人数众多的；

（四）适用审判监督程序的；

（五）涉及国家利益、社会公共利益的；

（六）第三人起诉请求改变或者撤销生效判决、裁定、调解书的；

（七）其他不宜适用简易程序的案件。

《民事诉讼法》第一百六十一条：【简易程序的起诉和受理方式】对简单的民事案件，原告可以口头起诉。

当事人双方可以同时到基层人民法院或者它派出的法庭，请求解决纠纷。基层人民法院或者它派出的法庭可以当即审理，也可以另定日期审理。

《民事诉讼法》第一百六十二条：【简易程序的传唤方式】基层人民法院和它派出的法庭审理简单的民事案件，可以用简便方式传唤当事人和证人、送达诉讼文书、审理案件，但应当保障当事人陈述意见的权利。

《民事诉讼法解释》第二百六十一条：适用简易程序审理案件，人民法院可以采取捎口信、电话、短信、传真、电子邮件等简便方式传唤双方当事人、通知证人和送达诉讼文书。

以简便方式送达的开庭通知，未经当事人确认或者没有其他证据证明当事人已经收到的，人民法院不得缺席判决。

适用简易程序审理案件，由审判员独任审判，书记员担任记录。

《民事诉讼法》第一百六十三条：【简易程序的审理方式】简单的民事案件由审判员一人独任审理，并不受本法第一百三十九条、第一百四十一条、第一百四十四条规定的限制。

《民事诉讼法》第一百六十四条：【简易程序的审限】人民法院适用简易程序审理案件，应当在立案之日起三个月内审结。有特殊情况需要延长的，经本院院长批准，可以延长一个月。

《民事诉讼法解释》第二百五十八条第一款：适用简易程序审理的案件，审理期限到期后，有特殊情况需要延长的，经本院院长批准，可以延长审理期限。延长后的审理期限累计不得超过四个月。

《民事诉讼法解释》第二百六十条：已经按照普通程序审理的案件，在开庭后不得转为简易程序审理。

《民事诉讼法解释》第二百六十四条第一款：当事人双方根据民事诉讼法第一百六十条第二款规定约定适用简易程序的，应当在开庭前提出。口头提出的，记入笔录，由双方当事人签名或者捺印确认。

《民事诉讼法解释》第二百五十八条第二款和第三款：人民法院发现案情复杂，需要转为普通程序审理的，应当在审理期限届满前作出裁定并将审判人员及相关事项书面通知双方当事人。

案件转为普通程序审理的，审理期限自人民法院立案之日计算。

《民事诉讼法》第一百六十五条第一款：【小额诉讼】基层人民法院和它派出的法庭审理事实清楚、权利义务关系明确、争议不大的简单金钱给付民事案件，标的额为各省、自治区、直辖市上年度就业人员年平均工资百分之五十以下的，适用小额诉讼的程序审理，实行一审终审。

《民事诉讼法解释》第二百七十四条：人民法院受理小额诉讼案件，应当向当事人告知该类案件的审判组织、一审终审、审理期限、诉讼费用交纳标准等相关事项。

《民事诉讼法解释》第二百七十五条：小额诉讼案件的举证期限由人民法院确定，也可以由当事人协商一致并经人民法院准许，但一般不超过七日。

被告要求书面答辩的，人民法院可以在征得其同意的基础上合理确定答辩期间，但最长不得超过十五日。

当事人到庭后表示不需要举证期限和答辩期间的，人民法院可立即开庭审理。

《民事诉讼法解释》第二百七十六条：当事人对小额诉讼案件提出管辖异议的，人民法院应当作出裁定。裁定一经作出即生效。

《民事诉讼法解释》第二百七十七条：人民法院受理小额诉讼案件后，发现起诉不符合民事诉讼法第一百二十二条规定的起诉条件的，裁定驳回起诉。裁定一经作出即生效。

《民事诉讼法解释》第二百七十八条：因当事人申请增加或者变更诉讼请求、提出反诉、追加当事人等，致使案件不符合小额诉讼案件条件的，应当适用简易程序的其他规定审理。

前款规定案件，应当适用普通程序审理的，裁定转为普通程序。

适用简易程序的其他规定或者普通程序审理前，双方当事人已确认的事实，可以不再进行举证、质证。

《民事诉讼法解释》第二百七十九条：当事人对按照小额诉讼案件审理有异议的，应当在开庭前提出。人民法院经审查，异议成立的，适用简易程序的其他规定审理或者裁定转为普通程序；异议不成立的，裁定驳回。裁定以口头方式作出的，应当记入笔录。

专题六　二审程序

《民事诉讼法解释》第三百一十八条：一审宣判时或者判决书、裁定书送达时，当事人口头表示上诉的，人民法院应告知其必须在法定上诉期间内递交上诉状。未在法定上诉期间内递交上诉状的，视为未提起上诉。虽递交上诉状，但未在指定的期限内交纳上诉费的，按自动撤回上诉处理。

《民事诉讼法》第一百七十三条：【上诉的途径】上诉状应当通过原审人民法院提出，并按照对方当事人或者代表人的人数提出副本。

当事人直接向第二审人民法院上诉的，第二审人民法院应当在五日内将上诉状移交原审人民法院。

《民事诉讼法》第一百七十五条：【二审的审查范围】第二审人民法院应当对上诉请求的有关事实和适用法律进行审查。

《民事诉讼法解释》第三百二十一条：第二审人民法院应当围绕当事人的上诉请求进行审理。

当事人没有提出请求的，不予审理，但一审判决违反法律禁止性规定，或者损害国家利益、社会公共利益、他人合法权益的除外。

《民事诉讼法》第一百七十六条：【二审的审理方式】第二审人民法院对上诉案件应当开庭审理。经过阅卷、调查和询问当事人，对没有提出新的事实、证据或者理由，人民法院认为不需要开庭审理的，可以不开庭审理。

第二审人民法院审理上诉案件，可以在本院进行，也可以到案件发生地或者原审人民法院所在地进行。

《民事诉讼法解释》第三百三十一条：第二审人民法院对下列上诉案件，依照民事诉讼法第一百七十六条规定可以不开庭审理：

（一）不服不予受理、管辖权异议和驳回起诉裁定的；

（二）当事人提出的上诉请求明显不能成立的；

（三）原判决、裁定认定事实清楚，但适用法律错误的；

（四）原判决严重违反法定程序，需要发回重审的。

《民事诉讼法》第一百七十七条：【二审的裁判】第二审人民法院对上诉案件，经过审理，按照下列情形，分别处理：

（一）原判决、裁定认定事实清楚，适用法律正确的，以判决、裁定方式驳回上诉，维持原判决、裁定；

（二）原判决、裁定认定事实错误或者适用法律错误的，以判决、裁定方式依法改判、撤销或者变更；

（三）原判决认定基本事实不清的，裁定撤销原判决，发回原审人民法院重审，或者查清事实后改判；

（四）原判决遗漏当事人或者违法缺席判决等严重违反法定程序的，裁定撤销原判决，发回原审人民法院重审。

原审人民法院对发回重审的案件作出判决后，当事人提起上诉的，第二审人民法院不得再次发回重审。

《民事诉讼法》第一百七十九条：【二审调解】 第二审人民法院审理上诉案件，可以进行调解。调解达成协议，应当制作调解书，由审判人员、书记员署名，加盖人民法院印章。调解书送达后，原审人民法院的判决即视为撤销。

《民事诉讼法解释》第三百三十七条： 当事人在第二审程序中达成和解协议的，人民法院可以根据当事人的请求，对双方达成的和解协议进行审查并制作调解书送达当事人；因和解而申请撤诉，经审查符合撤诉条件的，人民法院应予准许。

专题七 再审程序

《民事诉讼法》第二百零九条：【不得申请再审的情形】 当事人对已经发生法律效力的解除婚姻关系的判决、调解书，不得申请再审。

《民事诉讼法解释》第三百八十条： 当事人就离婚案件中的财产分割问题申请再审，如涉及判决中已分割的财产，人民法院应当依照民事诉讼法第二百零七条的规定进行审查，符合再审条件的，应当裁定再审；如涉及判决中未作处理的夫妻共同财产，应当告知当事人另行起诉。

《民事诉讼法解释》第三百八十一条： 当事人申请再审，有下列情形之一的，人民法院不予受理：

（一）再审申请被驳回后再次提出申请的；

（二）对再审判决、裁定提出申请的；

（三）在人民检察院对当事人的申请作出不予提出再审检察建议或者抗诉决定后又提出申请的。

前款第一项、第二项规定情形，人民法院应当告知当事人可以向人民检察院申请再审检察建议或者抗诉，但因人民检察院提出再审检察建议或者抗诉而再审作出的判决、裁定除外。

《民事诉讼法》第二百一十六条：【当事人向检察院申请再审检察建议或抗诉】 有下列情形之一的，当事人可以向人民检察院申请检察建议或者抗诉：

（一）人民法院驳回再审申请的；

（二）人民法院逾期未对再审申请作出裁定的；

（三）再审判决、裁定有明显错误的。

人民检察院对当事人的申请应当在三个月内进行审查，作出提出或者不予提出检察建议或者抗诉的决定。当事人不得再次向人民检察院申请检察建议或者抗诉。

《民事诉讼法》第二百零五条：【法院启动再审】 各级人民法院院长对本院已经发生法律效力的判决、裁定、调解书，发现确有错误，认为需要再审的，应当提交审判委员会讨论决定。

最高人民法院对地方各级人民法院已经发生法律效力的判决、裁定、调解书，上级人民法院对下级人民法院已经发生法律效力的判决、裁定、调解书，发现确有错误的，有权提审或者指令下级人民法院再审。

《最高人民法院关于民事审判监督程序严格依法适用指令再审和发回重审若干问题的规定》第二条第三款： 人民法院依据民事诉讼法第一百九十八条第二款（现第二百零五条第二

 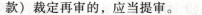

款）裁定再审的，应当提审。

《民事诉讼法》第二百一十五条：【检察院启动再审】最高人民检察院对各级人民法院已经发生法律效力的判决、裁定，上级人民检察院对下级人民法院已经发生法律效力的判决、裁定，发现有本法第二百零七条规定情形之一的，或者发现调解书损害国家利益、社会公共利益的，应当提出抗诉。

地方各级人民检察院对同级人民法院已经发生法律效力的判决、裁定，发现有本法第二百零七条规定情形之一的，或者发现调解书损害国家利益、社会公共利益的，可以向同级人民法院提出检察建议，并报上级人民检察院备案；也可以提请上级人民检察院向同级人民法院提出抗诉。

各级人民检察院对审判监督程序以外的其他审判程序中审判人员的违法行为，有权向同级人民法院提出检察建议。

《民事诉讼法》第二百一十八条：【对抗诉案件裁定再审的期限及审理法院】人民检察院提出抗诉的案件，接受抗诉的人民法院应当自收到抗诉书之日起三十日内作出再审的裁定；有本法第二百零七条第一项至第五项规定情形之一的，可以交下一级人民法院再审，但经该下一级人民法院再审的除外。

《民事诉讼法解释》第四百一十五条：人民检察院依当事人的申请对生效判决、裁定提出抗诉，符合下列条件的，人民法院应当在三十日内裁定再审：

（一）抗诉书和原审当事人申请书及相关证据材料已经提交；

（二）抗诉对象为依照民事诉讼法和本解释规定可以进行再审的判决、裁定；

（三）抗诉书列明该判决、裁定有民事诉讼法第二百一十五条第一款规定情形；

（四）符合民事诉讼法第二百一十六条第一款第一项、第二项规定情形。

不符合前款规定的，人民法院可以建议人民检察院予以补正或者撤回；不予补正或者撤回的，人民法院可以裁定不予受理。

《民事诉讼法解释》第四百一十七条：人民法院收到再审检察建议后，应当组成合议庭，在三个月内进行审查，发现原判决、裁定、调解书确有错误，需要再审的，依照民事诉讼法第二百零五条规定裁定再审，并通知当事人；经审查，决定不予再审的，应当书面回复人民检察院。

《民事诉讼法》第二百一十二条：【申请再审的时间】当事人申请再审，应当在判决、裁定发生法律效力后六个月内提出；有本法第二百零七条第一项、第三项、第十二项、第十三项规定情形的，自知道或者应当知道之日起六个月内提出。

《民事诉讼法解释》第三百八十二条：当事人对已经发生法律效力的调解书申请再审，应当在调解书发生法律效力后六个月内提出。

《民事诉讼法》第二百零六条：【当事人申请再审的途径】当事人对已经发生法律效力的判决、裁定，认为有错误的，可以向上一级人民法院申请再审；当事人一方人数众多或者当事人双方为公民的案件，也可以向原审人民法院申请再审。当事人申请再审的，不停止判决、裁定的执行。

《民事诉讼法解释》第三百七十七条：当事人一方人数众多或者当事人双方为公民的案件，当事人分别向原审人民法院和上一级人民法院申请再审且不能协商一致的，由原审人民法院受理。

《民事诉讼法》第二百一十一条：【法院对再审申请的审查期限及审理法院】人民法院应当自收到再审申请书之日起三个月内审查，符合本法规定的，裁定再审；不符合本法规定的，裁定驳回申请。有特殊情况需要延长的，由本院院长批准。

因当事人申请裁定再审的案件由中级人民法院以上的人民法院审理，但当事人依照本法第二百零六条的规定选择向基层人民法院申请再审的除外。最高人民法院、高级人民法院裁定再审的案件，由本院再审或者交其他人民法院再审，也可以交原审人民法院再审。

《最高人民法院关于民事审判监督程序严格依法适用指令再审和发回重审若干问题的规定》第三条： 虽然符合本规定第二条可以指令再审的条件，但有下列情形之一的，应当提审：

（一）原判决、裁定系经原审人民法院再审审理后作出的；

（二）原判决、裁定系经原审人民法院审判委员会讨论作出的；

（三）原审审判人员在审理该案件时有贪污受贿，徇私舞弊，枉法裁判行为的；

（四）原审人民法院对该案无再审管辖权的；

（五）需要统一法律适用或裁量权行使标准的；

（六）其他不宜指令原审人民法院再审的情形。

《民事诉讼法》第二百一十三条：【原裁判的中止执行】 按照审判监督程序决定再审的案件，裁定中止原判决、裁定、调解书的执行，但追索赡养费、扶养费、抚养费、抚恤金、医疗费用、劳动报酬等案件，可以不中止执行。

《民事诉讼法》第二百一十四条：【再审的审理程序】 人民法院按照审判监督程序再审的案件，发生法律效力的判决、裁定是由第一审法院作出的，按照第一审程序审理，所作的判决、裁定，当事人可以上诉；发生法律效力的判决、裁定是由第二审法院作出的，按照第二审程序审理，所作的判决、裁定，是发生法律效力的判决、裁定；上级人民法院按照审判监督程序提审的，按照第二审程序审理，所作的判决、裁定是发生法律效力的判决、裁定。

人民法院审理再审案件，应当另行组成合议庭。

《民事诉讼法解释》第四百零一条： 人民法院审理再审案件应当组成合议庭开庭审理，但按照第二审程序审理，有特殊情况或者双方当事人已经通过其他方式充分表达意见，且书面同意不开庭审理的除外。

符合缺席判决条件的，可以缺席判决。

《民事诉讼法解释》第四百零三条： 人民法院审理再审案件应当围绕再审请求进行。当事人的再审请求超出原审诉讼请求的，不予审理；符合另案诉讼条件的，告知当事人可以另行起诉。

被申请人及原审其他当事人在庭审辩论结束前提出的再审请求，符合民事诉讼法第二百一十二条规定的，人民法院应当一并审理。

人民法院经再审，发现已经发生法律效力的判决、裁定损害国家利益、社会公共利益、他人合法权益的，应当一并审理。

《民事诉讼法解释》第四百二十二条： 根据民事诉讼法第二百三十四条规定，人民法院裁定再审后，案外人属于必要的共同诉讼当事人的，依照本解释第四百二十条第二款规定处理。

案外人不是必要的共同诉讼当事人的，人民法院仅审理原判决、裁定、调解书对其民事权益造成损害的内容。经审理，再审请求成立的，撤销或者改变原判决、裁定、调解书；再审请求不成立的，维持原判决、裁定、调解书。

专题八　执行程序

《民事诉讼法》第二百四十七条：【执行通知与立即执行】 执行员接到申请执行书或者移

交执行书，应当向被执行人发出执行通知，并可以立即采取强制执行措施。

《民事诉讼法执行程序解释》第三条：人民法院受理执行申请后，当事人对管辖权有异议的，应当自收到执行通知书之日起十日内提出。

人民法院对当事人提出的异议，应当审查。异议成立的，应当撤销执行案件，并告知当事人向有管辖权的人民法院申请执行；异议不成立的，裁定驳回。当事人对裁定不服的，可以向上一级人民法院申请复议。

管辖权异议审查和复议期间，不停止执行。

《民事诉讼法》第二百三十三条：【逾期执行的救济】人民法院自收到申请执行书之日起超过六个月未执行的，申请执行人可以向上一级人民法院申请执行。上一级人民法院经审查，可以责令原人民法院在一定期限内执行，也可以决定由本院执行或者指令其他人民法院执行。

《民事诉讼法执行程序解释》第十三条：民事诉讼法第二百二十六条（现第二百三十三条）规定的六个月期间，不应当计算执行中的公告期间、鉴定评估期间、管辖争议处理期间、执行争议协调期间、暂缓执行期间以及中止执行期间。

《民事诉讼法》第二百三十六条：【委托执行】被执行人或者被执行的财产在外地的，可以委托当地人民法院代为执行。受委托人民法院收到委托函件后，必须在十五日内开始执行，不得拒绝。执行完毕后，应当将执行结果及时函复委托人民法院；在三十日内如果还未执行完毕，也应当将执行情况函告委托人民法院。

受委托人民法院自收到委托函件之日起十五日内不执行的，委托人民法院可以请求受委托人民法院的上级人民法院指令受委托人民法院执行。

《最高人民法院关于人民法院办理执行异议和复议案件若干问题的规定》第四条：执行案件被指定执行、提级执行、委托执行后，当事人、利害关系人对原执行法院的执行行为提出异议的，由提出异议时负责该案件执行的人民法院审查处理；受指定或者受委托的人民法院是原执行法院的下级人民法院的，仍由原执行法院审查处理。

执行案件被指定执行、提级执行、委托执行后，案外人对原执行法院的执行标的提出异议的，参照前款规定处理。

《民事诉讼法》第二百三十二条：【执行行为异议】当事人、利害关系人认为执行行为违反法律规定的，可以向负责执行的人民法院提出书面异议。当事人、利害关系人提出书面异议的，人民法院应当自收到书面异议之日起十五日内审查，理由成立的，裁定撤销或者改正；理由不成立的，裁定驳回。当事人、利害关系人对裁定不服的，可以自裁定送达之日起十日内向上一级人民法院申请复议。

《民事诉讼法执行程序解释》第五条：执行过程中，当事人、利害关系人认为执行法院的执行行为违反法律规定的，可以依照民事诉讼法第二百二十五条（现第二百三十二条）的规定提出异议。

执行法院审查处理执行异议，应当自收到书面异议之日起十五日内作出裁定。

《民事诉讼法执行程序解释》第九条：执行异议审查和复议期间，不停止执行。

被执行人、利害关系人提供充分、有效的担保请求停止相应处分措施的，人民法院可以准许；申请执行人提供充分、有效的担保请求继续执行的，应当继续执行。

《民事诉讼法》第二百三十四条：【案外人对执行标的的异议】执行过程中，案外人对执行标的提出书面异议的，人民法院应当自收到书面异议之日起十五日内审查，理由成立的，裁定中止对该标的的执行；理由不成立的，裁定驳回。案外人、当事人对裁定不服，认为原判决、裁定错误的，依照审判监督程序办理；与原判决、裁定无关的，可以自裁定送达之日起十五日内向人民法院提起诉讼。

《民事诉讼法解释》第四百六十二条：根据民事诉讼法第二百三十四条规定，案外人对执行标的提出异议的，应当在该执行标的执行程序终结前提出。

《民事诉讼法解释》第四百六十三条：案外人对执行标的提出的异议，经审查，按照下列情形分别处理：

（一）案外人对执行标的不享有足以排除强制执行的权益的，裁定驳回其异议；

（二）案外人对执行标的享有足以排除强制执行的权益的，裁定中止执行。

驳回案外人执行异议裁定送达案外人之日起十五日内，人民法院不得对执行标的进行处分。

《民事诉讼法执行程序解释》第十四条：案外人对执行标的主张所有权或者有其他足以阻止执行标的的转让、交付的实体权利的，可以依照民事诉讼法第二百二十七条（现第二百三十四条）的规定，向执行法院提出异议。

《民事诉讼法执行程序解释》第十五条：案外人异议审查期间，人民法院不得对执行标的进行处分。

案外人向人民法院提供充分、有效的担保请求解除对异议标的的查封、扣押、冻结的，人民法院可以准许；申请执行人提供充分、有效的担保请求继续执行的，应当继续执行。

因案外人提供担保解除查封、扣押、冻结有错误，致使该标的无法执行的，人民法院可以直接执行担保财产；申请执行人提供担保请求继续执行有错误，给对方造成损失的，应当予以赔偿。

《民事诉讼法》第二百三十七条：【执行和解】在执行中，双方当事人自行和解达成协议的，执行员应当将协议内容记入笔录，由双方当事人签名或者盖章。

申请执行人因受欺诈、胁迫与被执行人达成和解协议，或者当事人不履行和解协议的，人民法院可以根据当事人的申请，恢复对原生效法律文书的执行。

《民事诉讼法解释》第四百六十五条：一方当事人不履行或者不完全履行在执行中双方自愿达成的和解协议，对方当事人申请执行原生效法律文书的，人民法院应当恢复执行，但和解协议已履行的部分应当扣除。和解协议已经履行完毕的，人民法院不予恢复执行。

《执行和解规定》第九条：被执行人一方不履行执行和解协议的，申请执行人可以申请恢复执行原生效法律文书，也可以就履行执行和解协议向执行法院提起诉讼。

《民事诉讼法》第二百三十八条：【执行担保】在执行中，被执行人向人民法院提供担保，并经申请执行人同意的，人民法院可以决定暂缓执行及暂缓执行的期限。被执行人逾期仍不履行的，人民法院有权执行被执行人的担保财产或者担保人的财产。

《民事诉讼法解释》第四百六十七条：人民法院依照民事诉讼法第二百三十八条规定决定暂缓执行的，如果担保是有期限的，暂缓执行的期限应当与担保期限一致，但最长不得超过一年。被执行人或者担保人对担保的财产在暂缓执行期间有转移、隐藏、变卖、毁损等行为的，人民法院可以恢复强制执行。

《民事诉讼法解释》第四百六十八条：根据民事诉讼法第二百三十八条规定向人民法院提供执行担保的，可以由被执行人或者他人提供财产担保，也可以由他人提供保证。担保人应当具有代为履行或者代为承担赔偿责任的能力。

他人提供执行保证的，应当向执行法院出具保证书，并将保证书副本送交申请执行人。被执行人或者他人提供财产担保的，应当参照民法典的有关规定办理相应手续。

《民事诉讼法解释》第四百六十九条：被执行人在人民法院决定暂缓执行的期限届满后仍

不履行义务的，人民法院可以直接执行担保财产，或者裁定执行担保人的财产，但执行担保人的财产以担保人应当履行义务部分的财产为限。

《最高人民法院关于人民法院执行工作若干问题的规定（试行）》（以下简称《执行规定》）第四十五条： 被执行人不能清偿债务，但对本案以外的第三人享有到期债权的，人民法院可以依申请执行人或被执行人的申请，向第三人发出履行到期债务的通知（以下简称履行通知）。履行通知必须直接送达第三人。

履行通知应当包含下列内容：

（1）第三人直接向申请执行人履行其对被执行人所负的债务，不得向被执行人清偿；

（2）第三人应当在收到履行通知后的十五日内向申请执行人履行债务；

（3）第三人对履行到期债权有异议的，应当在收到履行通知后的十五日内向执行法院提出；

（4）第三人违背上述义务的法律后果。

《执行规定》第四十六条： 第三人对履行通知的异议一般应当以书面形式提出，口头提出的，执行人员应记入笔录，并由第三人签字或盖章。

《执行规定》第四十七条： 第三人在履行通知指定的期间内提出异议的，人民法院不得对第三人强制执行，对提出的异议不进行审查。

《执行规定》第四十八条： 第三人提出自己无履行能力或其与申请执行人无直接法律关系，不属于本规定所指的异议。

第三人对债务部分承认、部分有异议的，可以对其承认的部分强制执行。

《执行规定》第四十九条： 第三人在履行通知指定的期限内没有提出异议，而又不履行的，执行法院有权裁定对其强制执行。此裁定同时送达第三人和被执行人。

《执行规定》第五十条： 被执行人收到人民法院履行通知后，放弃其对第三人的债权或延缓第三人履行期限的行为无效，人民法院仍可在第三人无异议又不履行的情况下予以强制执行。

《执行规定》第五十一条： 第三人收到人民法院要求其履行到期债务的通知后，擅自向被执行人履行，造成已向被执行人履行的财产不能追回的，除在已履行的财产范围内与被执行人承担连带清偿责任外，可以追究其妨害执行的责任。

《执行规定》第五十二条： 在对第三人作出强制执行裁定后，第三人确无财产可供执行的，不得就第三人对他人享有的到期债权强制执行。

专题九 仲裁程序

《仲裁法》第五条：【有效的仲裁协议排斥法院管辖】 当事人达成仲裁协议，一方向人民法院起诉的，人民法院不予受理，但仲裁协议无效的除外。

《仲裁法》第十六条：【仲裁协议的形式与内容】 仲裁协议包括合同中订立的仲裁条款和以其他书面方式在纠纷发生前或者纠纷发生后达成的请求仲裁的协议。

仲裁协议应当具有下列内容：

（一）请求仲裁的意思表示；

（二）仲裁事项；

（三）选定的仲裁委员会。

《仲裁法解释》第一条：仲裁法第十六条规定的"其他书面形式"的仲裁协议，包括以合同书、信件和数据电文（包括电报、电传、传真、电子数据交换和电子邮件）等形式达成的请求仲裁的协议。

《仲裁法解释》第二条：当事人概括约定仲裁事项为合同争议的，基于合同成立、效力、变更、转让、履行、违约责任、解释、解除等产生的纠纷都可以认定为仲裁事项。

《仲裁法解释》第七条：当事人约定争议可以向仲裁机构申请仲裁也可以向人民法院起诉的，仲裁协议无效。但一方向仲裁机构申请仲裁，另一方未在仲裁法第二十条第二款规定期间内提出异议的除外。

《仲裁法》第十九条：【仲裁协议的独立性】仲裁协议独立存在，合同的变更、解除、终止或者无效，不影响仲裁协议的效力。

仲裁庭有权确认合同的效力。

《仲裁法解释》第十条：合同成立后未生效或者被撤销的，仲裁协议效力的认定适用仲裁法第十九条第一款的规定。

当事人在订立合同时就争议达成仲裁协议的，合同未成立不影响仲裁协议的效力。

《仲裁法》第二十条：【仲裁协议的效力异议】当事人对仲裁协议的效力有异议的，可以请求仲裁委员会作出决定或者请求人民法院作出裁定。一方请求仲裁委员会作出决定，另一方请求人民法院作出裁定的，由人民法院裁定。

当事人对仲裁协议的效力有异议，应当在仲裁庭首次开庭前提出。

《仲裁法解释》第十三条：依照仲裁法第二十条第二款的规定，当事人在仲裁庭首次开庭前没有对仲裁协议的效力提出异议，而后向人民法院申请确认仲裁协议无效的，人民法院不予受理。

仲裁机构对仲裁协议的效力作出决定后，当事人向人民法院申请确认仲裁协议效力或者申请撤销仲裁机构的决定的，人民法院不予受理。

《最高人民法院关于审理仲裁司法审查案件若干问题的规定》第二条第一款：申请确认仲裁协议效力的案件，由仲裁协议约定的仲裁机构所在地、仲裁协议签订地、申请人住所地、被申请人住所地的中级人民法院或者专门人民法院管辖。

《仲裁法》第二十六条：【法院的应诉管辖】当事人达成仲裁协议，一方向人民法院起诉未声明有仲裁协议，人民法院受理后，另一方在首次开庭前提交仲裁协议的，人民法院应当驳回起诉，但仲裁协议无效的除外；另一方在首次开庭前未对人民法院受理该案提出异议的，视为放弃仲裁协议，人民法院应当继续审理。

《仲裁法》第四十九条：【仲裁中的和解】当事人申请仲裁后，可以自行和解。达成和解协议的，可以请求仲裁庭根据和解协议作出裁决书，也可以撤回仲裁申请。

《仲裁法》第五十一条：【仲裁中的调解】仲裁庭在作出裁决前，可以先行调解。当事人自愿调解的，仲裁庭应当调解。调解不成的，应当及时作出裁决。

调解达成协议的，仲裁庭应当制作调解书或者根据协议的结果制作裁决书。调解书与裁决书具有同等法律效力。

《仲裁法》第五十三条：【仲裁裁决】裁决应当按照多数仲裁员的意见作出，少数仲裁员的不同意见可以记入笔录。仲裁庭不能形成多数意见时，裁决应当按照首席仲裁员的意见作出。

《仲裁法》第五十四条：【仲裁裁决书】裁决书应当写明仲裁请求、争议事实、裁决理由、裁决结果、仲裁费用的负担和裁决日期。当事人协议不愿写明争议事实和裁决理由的，可以不写。裁决书由仲裁员签名，加盖仲裁委员会印章。对裁决持不同意见的仲裁员，可以签名，也可以不签名。

《仲裁法》第五十八条：【申请撤销仲裁裁决的情形】当事人提出证据证明裁决有下列情形之一的，可以向仲裁委员会所在地的中级人民法院申请撤销裁决：

（一）没有仲裁协议的；

（二）裁决的事项不属于仲裁协议的范围或者仲裁委员会无权仲裁的；

（三）仲裁庭的组成或者仲裁的程序违反法定程序的；

（四）裁决所根据的证据是伪造的；

（五）对方当事人隐瞒了足以影响公正裁决的证据的；

（六）仲裁员在仲裁该案时有索贿受贿，徇私舞弊，枉法裁决行为的。

人民法院经组成合议庭审查核实裁决有前款规定情形之一的，应当裁定撤销。

人民法院认定该裁决违背社会公共利益的，应当裁定撤销。

《民事诉讼法》第二百四十四条第二款至第五款：被申请人提出证据证明仲裁裁决有下列情形之一的，经人民法院组成合议庭审查核实，裁定不予执行：

（一）当事人在合同中没有订有仲裁条款或者事后没有达成书面仲裁协议的；

（二）裁决的事项不属于仲裁协议的范围或者仲裁机构无权仲裁的；

（三）仲裁庭的组成或者仲裁的程序违反法定程序的；

（四）裁决所根据的证据是伪造的；

（五）对方当事人向仲裁机构隐瞒了足以影响公正裁决的证据的；

（六）仲裁员在仲裁该案时有贪污受贿，徇私舞弊，枉法裁决行为的。

人民法院认定执行该裁决违背社会公共利益的，裁定不予执行。

裁定书应当送达双方当事人和仲裁机构。

仲裁裁决被人民法院裁定不予执行的，当事人可以根据双方达成的书面仲裁协议重新申请仲裁，也可以向人民法院起诉。

第三部分　模拟篇

案例一

【案情】

2015年3月，武汉某电厂委托武汉长江拍卖公司（以下简称长江公司，在武汉市武昌区）对电厂改造后的三套旧设备进行拍卖。同年4月1日，深圳长城发展公司（以下简称长城公司，在深圳市福田区）以400万价格拍得该设备，并约定因拍卖产生的纠纷各方可向各自所在地的法院起诉解决。由于种种原因，在约定的一个月付款期内，长城公司未向长江公司支付对价。同年5月9日，长江公司举行第二场拍卖会，以200万价格将该设备卖给了黄河公司。

2015年9月，长江公司将长城公司诉至武汉市中级人民法院，请求法院判令：1.长城公司向长江公司支付两次拍卖差价200万元人民币；2.长城公司向长江公司支付400万成交价的5%佣金20万元人民币；3.长城公司已交纳的拍卖保证金20万元自动转为违约金，归长江公司所有。

【问题】

1.不考虑本案的协议管辖的条款，根据《民事诉讼法》及相关司法解释的规定，哪些法院对本案有管辖权？简要说明理由。

2.长城公司与长江公司之间的协议管辖条款是否有效？简要说明理由。

3.如果长城公司认为武汉市中院对本案无管辖权，应该如何维护自己的权利？简要说明理由。

4.如果长城公司在提交答辩状期间对案件的实体问题进行了答辩，随后法官在审理案件的过程中发现法院对本案并无管辖权（武汉中院受理案件的标的额为2000万），这时该法院能否再将案件移送至有管辖权的法院审理？简要说明理由。

5.用正当当事人理论分析长江公司的起诉是否适当？为什么？

6.如在诉讼过程中，长城公司主张长江公司在另一场拍卖活动中，涉嫌造假，导致其经营受损，请求法院判令赔偿其损失50万元。法院可否作为反诉合并审理？简要说明理由。

【参考答案】

1.对本案有管辖权的法院：深圳福田区法院、武汉武昌区法院。

根据《民事诉讼法》第24条规定："因合同纠纷提起的诉讼，由被告住所地或者合同履行地人民法院管辖。"本案为合同纠纷，有管辖权的法院为被告住所地法院和合同履行地法院。本案被告住所地在深圳福田区，合同履行地为接受货币的一方所在地，即武汉武昌区。

2.有效。

根据《民事诉讼法解释》第30条规定："根据管辖协议，起诉时能够确定管辖法院的，从其约定；不能确定的，依照民事诉讼法的相关规定确定管辖。管辖协议约定两个以上与争议有实际联系的地点的人民法院管辖，原告可以向其中一个人民法院起诉。"

本案中，双方的约定符合协议管辖要求，双方约定"各方可向各自所在地的法院"起诉，即相当于约定了由原告所在地法院管辖。

3. 长城公司可以提出管辖权异议。

根据《民事诉讼法》第130条规定，人民法院受理案件以后，当事人认为受诉法院没有管辖权的，可以在提交答辩状期间以书面形式提出该法院无管辖权的主张和意见。管辖权异议既可以针对地域管辖，也可以针对级别管辖。因此，本案中，如果长城公司认为级别管辖错误，武汉市中院无管辖权，可以提出管辖权异议。

4. 可以。

根据《民事诉讼法》第130条第2款规定："当事人未提出管辖异议，并应诉答辩的，视为受诉人民法院有管辖权，但违反级别管辖和专属管辖规定的除外。"本案违反了级别管辖的规定，故不适用应诉管辖。

5. 第一项事实请求不适当，其他请求适当。

本案的诉讼请求有三项，其中第一项，要求支付两次拍卖差价的请求，长江公司并非适格当事人，对于这个诉讼请求的适格当事人应当为武汉电厂。其他诉讼请求，长江公司为适格当事人。

6. 不可以。

根据《民事诉讼法解释》第233条规定："反诉的当事人应当限于本诉的当事人的范围。反诉与本诉的诉讼请求基于相同法律关系、诉讼请求之间具有因果关系，或者反诉与本诉的诉讼请求基于相同事实的，人民法院应当合并审理。反诉应由其他人民法院专属管辖，或者与本诉的诉讼标的及诉讼请求所依据的事实、理由无关联的，裁定不予受理，告知另行起诉。"

本案前后诉讼请求并不存在牵连关系，故不能作为反诉合并审理。

案例二

【案情】

2008年11月25日，林某驾驶套牌的鲁F＊＊＊＊3货车在京沪高速公路某段行驶时，与同向行驶的周某驾驶的客车相撞，两车冲下路基，客车翻滚致车内乘客冯某受伤。经交警部门认定，货车司机林某负主要责任，客车司机周某负次要责任，冯某不负事故责任。

经查，鲁F＊＊＊＊3号牌在车辆管理部门登记的货车并非肇事货车，该号牌登记货车的所有人系烟台市福山区汽车运输公司（以下简称福山公司），该货车在永安财产保险股份有限公司烟台中心支公司（以下简称永安保险公司）投保机动车第三者责任强制保险。

而发生事故的客车的登记所有人系朱某，但该车辆几经转手，现实际所有人系周某，朱某对该客车既不支配也未从该车运营中获益。该客车在中国人民财产保险股份有限公司上海市分公司（以下简称人保公司）投保了机动车第三者责任强制保险。

事发后，冯某前往医院治疗，共花费医疗费5万元。冯某将林某、福山公司起诉到法院，要求赔偿。

庭审中，福山公司主张该肇事车辆与其无关，并出示了其登记货车的相关证件，以证明该肇事车辆是套牌车辆。套牌使用鲁F＊＊＊＊3号牌的货车（肇事货车）实际所有人为被告卫某，卫某雇佣林某作为司机。据此，冯某提出追加卫某作为共同被告，而卫某申请将永安保险公司追加为共同被告。

被告林某辩称，对交通事故认定书中确认的事故事实予以认可，但对其责任认定不予认可。林某认为，其本身固然有超速行为，但造成事故主要原因在于周某连续变道所致，故应由周某对事故承担主要责任。

【问题】

1. 本案中，原告冯某可否将林某作为被告？简要说明理由。

2. 法院能否追加卫某作为共同被告？简要说明理由。

3. 法院能否根据卫某申请追加永安保险公司作为共同被告？简要说明理由。

4. 法院应如何认定道路交通事故认定书的效力？简要说明理由。

5. 经法院释明，原告冯某坚持不将周某和人保公司列为本案共同被告，表示将另行起诉。法院对此应该如何处理？原告此后另案起诉周某和人保公司，要求其承担本次交通事故侵权损害赔偿责任的行为是否构成重复起诉？简要说明理由。

【参考答案】

1. 在本案中，肇事司机林某是自然人，具备当事人能力，有资格成为被告。

根据《民事诉讼法》第122条的规定，只要原告提出了明确的被告，且符合其他起诉条件，法院就应当受理并进入实体审理程序，以判决形式对双方权利义务关系和民事责任作出裁判。因此，即便从实体法律关系来看，在侵权责任主体不是肇事司机林某的情况下，原告依然可以将肇事司机作为被告诉至法院。

2. 可以。

卫某是真正的责任人，是本案的适格被告，可以追加为共同被告。

3. 不可以。

永安保险公司保的是登记车辆，而不是肇事车辆，故肇事车辆造成的损害，不属于交强险赔付范围，故卫某申请追加永安保险公司为共同被告的申请，法院不应采纳。

4. 在诉讼中，交警大队出具的事故认定书是书证，只是证据的一种，其所证明的事实与案件其他证据所证明的事实是否一致，以及法院是否确信该事故认定书所确认的事实，法院有权根据案件的综合情况予以判断，即该事故认定书的证明力由法院判断后确定。

5. （1）法院无需强行将周某和人保公司列为共同被告。

周某和林某没有共同的故意或过失，但两人分别实施的行为相互结合共同造成冯某受伤的同一后果，两人构成无意思联络的共同侵权。在能够通过交通事故认定书确认事故事实与责任划分的前提下，原告自由处分其损害赔偿请求权的自由意志应受到尊重，法院无需强行将周某和人保公司追加为共同被告，当然周某及人保公司所应承担的赔偿份额应予以扣除。

（2）不构成重复起诉。

在本案中，如果原告冯某此后另案起诉周某和人保公司，要求其承担本次交通事故侵权损害赔偿责任，在案件当事人、诉讼标的、诉讼请求等方面均与本诉不相同，不属于重复起诉范围，因此，冯某的起诉不构成重复诉讼。

案例三

【案情】

2012年5月1日，家住南京市雨花台区的孙某在南京欧尚超市有限公司江宁店（简称欧尚超市江宁店，地址位于南京市江宁区）购买"玉兔牌"香肠15包（该香肠是由江苏南通玉兔公司生产），家人食用后，感觉身体不适，后到医院治疗，花费医疗费 2000 元。后来发现食用香肠中价值 558.6 元的 14 包香肠已过保质期。

后因协商未果孙某诉至法院，审理过程中，孙某提供了其在该超市购买该批香肠的购物小票，用手机拍的该批香肠保质期至 2012 年 4 月 25 日的照片。欧尚超市江宁店辩称孙某属于知假买假的行为，不属于消费者，并称自己并不知道该批香肠已过期，没有过错，不需要承担赔偿责任。

【问题】

1. 哪些法院对本案可能有管辖权？为什么？
2. 哪些主体可能成为本案的被告？为什么？
3. 购物小票、保质期的照片属于何种法定证据种类？
4. 就孙某知假买假行为事实的举证责任应当由谁承担？
5. 孙某向法院起诉只是要求十倍的赔偿金 5586 元，法院应否受理？为什么？

【参考答案】

1.（1）如要以违约起诉，则江宁区法院有管辖权，被告住所地及合同履行地均为江宁区。

根据《民事诉讼法》第 24 条规定："因合同纠纷提起的诉讼，由被告住所地或者合同履行地人民法院管辖。"

（2）如要以侵权诉讼，则江宁区法院（被告住所地、产品销售地）、南通市某区法院（被告所在地、产品制造地）、南京市雨花台区法院（侵权行为地）都有管辖权。（本案没有说明侵权行为地）

根据《民事诉讼法》第 29 条规定："因侵权行为提起的诉讼，由侵权行为地或者被告住所地人民法院管辖。"又根据《民事诉讼法解释》第 26 条规定："因产品、服务质量不合格造成他人财产、人身损害提起的诉讼，产品制造地、产品销售地、服务提供地、侵权行为地和被告住所地人民法院都有管辖权。"

2.（1）如要以违约诉讼，被告为欧尚超市江宁店。

（2）如要以侵权诉讼，被告为欧尚超市江宁店与玉兔公司。

3. 购物小票属于书证，照片属于电子数据。

4. 知假买假的行为属于欧尚超市江宁店的主张，应该由其来承担举证责任。

根据《民事诉讼法解释》第 91 条规定："人民法院应当依照下列原则确定举证证明责任的承担，但法律另有规定的除外：

（一）主张法律关系存在的当事人，应当对产生该法律关系的基本事实承担举证证明责任；

（二）主张法律关系变更、消灭或者权利受到妨害的当事人，应当对该法律关系变更、消灭或者权利受到妨害的基本事实承担举证证明责任。"

本案中，知假买假的主张是欧尚超市江宁店提出来的，故应当由其对该主张的基本事实承担举证责任。

5. 应当受理。

按照《食品安全法》第 148 条第 2 款规定："生产不符合食品安全标准的食品或者经营明知是不符合食品安全标准的食品，消费者除要求赔偿损失外，还可以向生产者或者经营者要求支付价款十倍或者损失三倍的赔偿金；增加赔偿的金额不足一千元的，为一千元。但是，食品的标签、说明书存在不影响食品安全且不会对消费者造成误导的瑕疵的除外。"

故原告可以请求赔偿损失并要求十倍赔偿金，现在原告只要求十倍赔偿，不要求赔偿损失，这是当事人对自己权利的处分，法院要尊重当事人的这种处分权。

案例四

【案情】

2015 年 8 月 13 日，中国环境保护与绿色发展基金会（以下简称绿发会）向宁夏回族自治区中卫市中级人民法院提起诉讼称，宁夏瑞泰科技股份有限公司（以下简称瑞泰公司）在生产过程中违规将超标废水直接排入蒸发池，造成腾格里沙漠严重污染，截至起诉时仍然没有整改完毕。请求判令瑞泰公司：（一）停止非法污染环境行为；（二）对造成环境污染的危险予以消除；（三）恢复生态环境或者成立沙漠环境修复专项基金并委托具有资质的第三方进行修复；（四）针对第二项和第三项诉讼请求，由法院组织原告、技术专家、法律专家、人大代表、政协委员共同验收；（五）赔偿环境修复前生态功能损失；（六）在全国性媒体上公开赔礼道歉等。

宁夏回族自治区中卫市中级人民法院一审认为，绿发会不能认定为《环境保护法》第五十八条规定的"专门从事环境保护公益活动"的社会组织，对绿发会的起诉裁定不予受理。绿发会不服，提起上诉。宁夏回族自治区高级人民法院审查后裁定驳回上诉，维持原裁定。绿发会不服二审裁定，向最高人民法院申请再审。在案件的一审、二审及再审期间，绿发会向法院提交了基金会法人登记证书，显示绿发会是在中华人民共和国民政部登记的基金会法人。其提交的 2010 至 2014 年度检查证明材料，显示其在提起本案公益诉讼前五年年检合格。同时提交了自 1985 年成立至今，一直实际从事包括举办环境保护研讨会、组织生态考察、开展环境保护宣传教育、提起环境民事公益诉讼等活动的相关证据材料。

【问题】

1. 就本案涉及的事实，即事实一：瑞泰公司在生产过程中违规将超标废水直接排入蒸发池；事实二：造成腾格里沙漠严重污染。应当由谁来承担举证责任？简要说明理由。

2. 绿发会是否具有公益诉讼原告资格？简要说明理由。

3. 绿发会能否在申请再审的同时申请抗诉？简要说明理由。

4. 针对绿发会的诉讼，瑞泰公司认为该诉讼给他们带来了损害，可否提起反诉？

5. 假如在诉讼进行过程中，双方达成了和解协议，法院应该如何结案？

【参考答案】

1. （1）将超标废水直接排入蒸发池的事实，属于侵权行为，应该由原告即绿发会承担举证责任。

（2）造成腾格里沙漠严重污染的事实，属于损害结果，应该由原告即绿发会承担举证责任。

根据《民事诉讼法解释》第 91 条规定："人民法院应当依照下列原则确定举证证明责任的承担，但法律另有规定的除外：

（一）主张法律关系存在的当事人，应当对产生该法律关系的基本事实承担举证证明责任；

（二）主张法律关系变更、消灭或者权利受到妨害的当事人，应当对该法律关系变更、消灭或者权利受到妨害的基本事实承担举证证明责任。"

本案中，将超标废水直接排入蒸发池，是原告提出的主张，故应当由其对该主张的相关事实承担举证责任。

而造成腾格里沙漠严重污染，同样是原告提出的主张，应当由其对该主张的相关事实承担举证责任。

2. 本案中，绿发会具有公益诉讼原告资格。

按照《环境保护法》第58条规定，依法提起公益诉讼的社会组织，具备的条件包括：（1）依法在设区的市级以上人民政府民政部门登记；（2）专门从事环境保护公益活动连续五年以上且无违法记录。

3. 不可以。

根据《民事诉讼法》第216条规定："有下列情形之一的，当事人可以向人民检察院申请检察建议或者抗诉：

（一）人民法院驳回再审申请的；

（二）人民法院逾期未对再审申请作出裁定的；

（三）再审判决、裁定有明显错误的。

人民检察院对当事人的申请应当在三个月内进行审查，作出提出或者不予提出检察建议或者抗诉的决定。当事人不得再次向人民检察院申请检察建议或者抗诉。"

故应当先向法院申请再审，申请再审遇到问题（符合上述三种情形之一）后，再向检察院申请检察建议或者抗诉。

4. 不可以。

根据《环境民事公益诉讼解释》第17条规定："环境民事公益诉讼案件审理过程中，被告以反诉方式提出诉讼请求的，法院不予受理。"

5. 应该制作调解书结案。

根据《环境民事公益诉讼解释》第25条规定："环境民事公益诉讼当事人达成调解协议或者自行达成和解协议后，人民法院应当将协议内容公告，公告期间不少于三十日。公告期满后，人民法院审查认为调解协议或者和解协议的内容不损害社会公共利益的，应当出具调解书。当事人以达成和解协议为由申请撤诉的，不予准许。调解书应当写明诉讼请求、案件的基本事实和协议内容，并应当公开。"

故达成和解协议后，不能申请撤诉结案，只能制作调解书结案。

案例五

【案情】

居住在北京市海淀区的王某于2018年3月15日在杨某经营的"海淘家用电器"淘宝店里购买了日本进口的电饭煲一个。付款后，杨某通过顺丰快递的方式将该电饭煲邮寄至王某位于陕西省西安市长安区的弟弟家。后，王某在自家使用该电饭煲时发生爆炸，造成轻微的人身损害。王某欲与杨某协商解决此事，但杨某坚决否认王某使用的电饭煲系自家淘宝店出售。王某遂将杨某起诉至北京市海淀区法院，要求杨某赔礼道歉并赔偿损失30000元。法院经查发现，杨某的户口一直在老家吉林省长春市南关区，2015年外出深圳市南山区打工，2017年1月从深圳搬至上海市嘉定区居住，并开设"海淘家用电器"淘宝店（未领取营业执照）。北京市海淀区法院受理后，经审查认为本案事实不清，关系不明，因此决定适用普通程序审理此案，并依法向杨某送达了起诉状副本、应诉通知书等法律文书。一审中，双方对于该电饭煲是否系杨某淘宝店出售以及造成损害结果等事实各执一词。在综合判断双方提出的证据基础上，海淀区法院判决杨某赔偿王某损失 25000 元，但并未就王某提出的赔礼道歉请求进行处理。判决生效后，杨某拒绝履行生效判决确定的赔偿义务，王某向法院申请强制执行，法院在执行过程中将原负责执行的承办法官张某更换为法官李某。杨某对该一审生效判决不服，欲通过再审寻求救济。关于本案，请回答下列问题。

【问题】

1. 在不考虑互联网法院的情况下，哪些法院可能对本案有管辖权？为什么？

2. 在王某提出的违约之诉中，假使被告杨某没有提出管辖权异议，而是对案件的实体问题进行答辩，海淀区法院法官在随后的审理中发现本院对该案无管辖权，能否将本案移送至有管辖权的法院审理？简要说明理由。

3. 在法院决定适用普通程序审理的情况下，双方当事人能否口头约定适用简易程序审理？若能，该约定应当在何时提出？

4. 结合法律规定和生活常识，王某可以提出哪些证据用以证明电饭煲是杨某经营的淘宝店出售的？

5. 对于法院在执行过程中将原负责执行的承办法官张某更换为法官李某的行为，双方当事人可否提出执行行为异议？为什么？

6. 判决生效后，杨某拒绝履行生效判决确定的赔偿义务，人民法院可以采取哪些执行措施？

7. 假使杨某欲寻求再审救济，其能否直接向人民检察院申请检察建议或抗诉？为什么？

8. 杨某欲通过再审寻求救济，其可以向哪些法院申请再审？应当适用几审程序进行再审？

【参考答案】

1. 本案属于产品质量纠纷，因此存在请求权竞合。如果王某选择提起违约之诉，则可以由被告住所地（本题中为经常居住地）——上海市嘉定区法院和合同履行地——陕西省西安市长安区法院管辖。依据《民事诉讼法》第 22 条的规定，公民的住所地是指公民的户籍所在地，住所地和经常居住地不一致的，由经常居住地法院管辖。本案中经常住地应当为上海市嘉定区（至起诉时已连续居住一年以上的地方）；同时《民诉解释》第 20 条规定："以信息网络方式订立的买卖合同，通过信息网络交付标的的（虚拟交付），以买受人住所地为合同履行地；通过其他方式交付标的的，收货地为合同履行地。"因此本案的履行地为陕西省西安市长安区法院。如果王某选择提起侵权之诉，则可以由被告住所地（本题中为经常居住地）——上海市嘉定区法院和侵权行为地——北京市海淀区法院管辖（在自家使用造成损害）。

2. 不能。假使王某提起的是违约之诉，则本案属于合同纠纷，当由上海市嘉定区法院与陕西省西安市长安区法院管辖，因此北京市海淀区法院对该案本无管辖权。但被告杨某的应诉答辩已经构成应诉管辖，海淀区法院基于双方当事人"默示的合意"而取得管辖权，所以不能再将案件移送至其他法院（违反级别管辖和专属管辖的除外）。

3. 双方可以口头约定适用简易程序。《民事诉讼法》第 160 条第 2 款规定："基层人民法院和它派出的法庭审理前款规定以外的民事案件，当事人双方也可以约定适用简易程序。"根据《民事诉讼法解释》第 264 条规定，口头提出的，记入笔录，由双方当事人签名或者捺印确认。该约定应当在开庭前提出。《民事诉讼法解释》明确规定，当事人双方约定适用简易程序的，应当在开庭前提出。已经按照普通程序审理的案件，在开庭后不得转为简易程序审理。

4. 本题属于开放性试题，考生应不拘泥于题目中表达的案情和素材，而是根据生活常识提出可能的证据，从而形成证据链，举例如下：

第一，购买该电饭煲的发票；第二，购买时的付款记录；第三，购买时的聊天记录；第四，收货时的快递送货单等。

5. 不能。法院更换执行承办人员属于法院的内部管理行为，不是法院在执行过程中作出的具体执行行为，不属于法律规定的执行行为异议的范围（执行行为违法）。

6. 人民法院可以将杨某纳入失信被执行人名单；人民法院可以强制杨某加倍支付迟延履行期间的债务利息；人民法院可以对杨某采取限制高消费等其他措施。

7. 不能。依照《民事诉讼法》第216条规定，再审的救济应当遵循"法院纠错先行，检察监督断后"，故杨某应首先通过向人民法院申请再审的方式寻求救济，在法院再审维持原判的情况下，再向检察院申请检察建议或抗诉。

8. 本案中诉讼双方王某、杨某均为公民，生效裁判由一审基层法院作出，故杨某既可以向原一审法院（基层法院）申请再审，也可以向一审法院的上一级法院（中院）申请再审。若杨某向原一审法院（基层法院）申请再审，应当适用一审程序进行再审审理；若杨某向上一级法院（中院）申请再审，则中院应当提审，适用二审程序进行再审审理。

案例六

【案情】

2011年12月，安徽省合肥市中级人民法院在审理张某诉安徽省六本食品有限责任公司（一人有限责任公司）、长江担保公司等1400万的民间借贷纠纷一案过程中，根据张某的申请，对长江担保公司在农发行安徽分行保证金账户内的资金1400万元进行保全。农发行安徽分行与长江担保公司就"担保保证金（担保存款）"在担保协议中约定：甲方（长江担保公司）在乙方（农发行安徽分行）开立担保保证金专户，担保保证金专户行为农发行安徽分行营业部，账号尾号为＊＊＊＊；甲方需将具体担保业务约定的保证金在保证合同签订前存入担保保证金专户，甲方需缴存的保证金不低于贷款额度的10%；未经乙方同意，甲方不得动用担保保证金专户内的资金。

该案判决生效后，六本公司没有执行判决，张某向法院申请执行。次日，执行法院作出执行决定书，将六本公司纳入失信被执行人名单，并且于当日录入失信被执行人名单库，通过中国执行信息公开网向社会公布。其后执行法院在六本公司办公场所，向其前台送达了执行通知书。因六本公司没有财产，张某又来到执行法院，以六本公司股东赵某与六本公司财产混同为由，书面申请将六本公司的股东赵某追加为被执行人。经执行法院组成合议庭审查并公开听证后，认为确实有充分证据证明六本公司与其股东财产混同，裁定支持了张某的申请。裁定生效后，赵某没有履行义务，并找某建筑公司准备对其房屋进行重新扩建、高档装修。

经过司法网络查控系统查询，执行员查封了赵某名下位于北京市海淀区的三居室房屋一套，并确定赵某名下再无其他住房，其另行购买的两套二手房登记在其子赵某某名下。第三人魏某在淘宝网司法拍卖平台上，依照法律和平台规定，通过网络拍卖拍下该套房产。在拍卖结束后，被执行人赵某向执行法院提出异议，认为法院委托的评估有误，过户房屋会给他造成巨大经济损失。重新评估结果显示，拍卖房屋的建筑面积从100平方米变成了120平方米，估价也从800万元变成了950万元。

假如判决生效后，合肥市中级人民法院将长江担保公司保证金账户内的资金1400万元划至该院账户。农发行安徽分行作为案外人提出执行异议，合肥市中级人民法院裁定驳回异议。

【问题】

1. 张某申请执行后，执行法院未发出执行通知，就直接将六本公司纳入失信被执行人名单的做法，是否符合法律规定？请说明理由。

2. 法院将赵某追加为被执行人的做法，是否符合法律规定？请说明理由。

3. 法院执行赵某的住房，是否违反执行法规的规定？请说明理由。

4. 考虑本案案情，法院能否禁止赵某对房屋进行扩建、高档装修的行为？请说明理由。

5. 考虑本案案情，执行法院是否会支持被执行人赵某的异议申请？请说明理由。

【参考答案】

1. 符合法律规定。

根据《民事诉讼法》第247条的规定，执行员接到申请执行书或者移交执行书，应当向被执行人发出执行通知，并可以立即采取强制执行措施。依照2020年《执行程序解释》第22条的规定，执行员立即采取强制执行措施的，可以同时或者自采取强制执行措施之日起3日内发送执行通知书。在本案中，将被执行人列入失信被执行人名单的做法属于采取保障性强制执行措施，并不以发出执行通知并送达被执行人为前提。因此，执行法院的上述行为，符合法律规定。

2. 符合法律规定。

根据最高人民法院《关于民事执行中变更、追加当事人若干问题的规定》第20条规定："作为被执行人的一人有限责任公司，财产不足以清偿生效法律文书确定的债务，股东不能证明公司财产独立于自己的财产，申请执行人申请变更、追加该股东为被执行人，对公司债务承担连带责任的，人民法院应予支持。"在本案中，由于六本公司的财产少于其应支付张某的金钱数额，且张某能够证明公司与股东赵某财产混同，因而法院应当裁定追加赵某为被执行人。

3. 不违反执行法规的规定。

2020年最高人民法院《关于人民法院办理执行异议和复议案件若干问题的规定》第20条第1款第1项放宽了对执行房屋的限制规定："金钱债权执行中，符合下列情形之一，被执行人以执行标的系本人及所扶养家属维持生活必需的居住房屋为由提出异议的，人民法院不予支持：对被执行人有扶养义务的人名下有其他能够维持生活必需的居住房屋的。"在本案中，被执行人赵某名下虽然只有一套住房，但是其之前将另行购买的两套二手房登记在其子赵某某名下，使其在本案中被执行的住房并不具有生活所必需的居住房屋的性质。因此，法院执行他的住房，并不违反执行法规的规定。

4. 可以禁止。

根据《关于限制被执行人高消费及有关消费的若干规定》第1条第2款规定："纳入失信被执行人名单的被执行人，人民法院应当对其采取限制消费措施。"在本案中，赵某因为被纳入失信被执行人名单，所以法院应当限制其高消费。其对房屋进行扩建、高档装修的行为，属于应当被限制的消费内容。

5. 支持。

根据《民事诉讼法》第232条规定："当事人、利害关系人认为执行行为违反法律规定的，可以向负责执行的人民法院提出书面异议。当事人、利害关系人提出书面异议的，人民法院应当自收到书面异议之日起十五日内审查，理由成立的，裁定撤销或者改正；理由不成立的，裁定驳回。当事人、利害关系人对裁定不服的，可以自裁定送达之日起十日内向上一级人民法院申请复议。"在本案中，受委托机构的评估结果明显失实，拍卖的起拍价偏低，很可能最终减少被执行人在拍卖中所能获得的拍卖款。损害其对执行债权的清偿和财产利益，满足提出执行行为异议的要求。

案例七

【案情】

位于合肥市A区的甲公司与位于南京市B区的乙公司签订合同，约定乙公司承建甲公司的新办公楼，合同中未约定仲裁条款。新办公楼施工过程中，两个公司因工程增加工作量、工程进度款等问题发生争议。双方在交涉过程中通过电子邮件约定将争议提交"南京市仲裁委员会"进行仲裁。后双方产生纠纷，甲公司向南京仲裁委员会申请仲裁，南京仲裁委员会受理此争议，并依照仲裁规则确定了三名仲裁员组成的仲裁庭。在庭审过程中，乙公司提交了答辩，且参加了仲裁庭审理的全部过程。

仲裁庭经过审理作出裁决，支持甲公司的全部请求。乙公司对此裁决不满，向南京市中院申请撤销仲裁裁决，理由之一是仲裁协议必须是书面形式，故双方通过电子邮件签署的仲裁协议无效；理由之二是仲裁员在案件的法律适用上有枉法裁决的行为；理由之三是仲裁程序违法。仲裁庭不允许其复印开庭笔录、不允许其调取庭审录像，违反了《民事诉讼法》的相关规定，属于程序违法。南京市中院裁定驳回该申请。后甲公司申请执行仲裁裁决。

【问题】

1. 本案双方当事人约定的仲裁机构为"南京市仲裁委员会"，法院在认定仲裁机构时应当如何认定？请说明理由。

2. 乙公司撤销仲裁裁决理由之一是否成立？请说明理由。

3. 乙公司撤销仲裁裁决理由之二能否成立？请说明理由。

4. 乙公司撤销仲裁裁决理由之三是否成立？请说明理由。

5. 假如法院作出了撤销仲裁裁决的裁定，具体程序应如何进行？请说明理由。

6. 在执行过程中，乙公司可否申请不予执行？请说明理由。

【参考答案】

1. 应认定选定了仲裁委员会。

根据《仲裁法解释》第3条规定："仲裁协议约定的仲裁委员会名称不准确，但能够确定具体的仲裁委员会的，应当认定选定了仲裁委员会。"

2. 不成立。

根据《仲裁法解释》第1条规定："仲裁法第十六条规定的'其他书面形式'的仲裁协议，包括以合同书、信件和数据电文（包括电报、电传、传真、电子数据交换和电子邮件）等形式达成的请求仲裁的协议。"故仲裁协议必须是书面形式，但书面形式并不一定非要是纸面形式，电子邮件也属于书面形式。

3. 乙公司应当提供相应证据。

2018年最高人民法院《关于审理仲裁司法审查案件若干问题的规定》第18条规定，仲裁员在仲裁该案时有索贿受贿，徇私舞弊，枉法裁决行为，是指已经由生效刑事法律文书或者纪律处分决定所确认的行为。无论仲裁裁决对案件事实的认定及法律的适用正确与否，均不属于《仲裁法》第58条规定的司法审查范围。因此，如果申请人不能提供相应证据，其主张的理由不会得到法院的支持。

4. 不成立。

仲裁庭系依据《仲裁法》及《仲裁规则》的规定决定是否准许当事人复制庭审笔录和调取庭审录像，而不是依据《民事诉讼法》的规定。仲裁庭未准许申请人复印庭审笔录及调取庭审录像，不违反《仲裁法》及《仲裁规则》的规定。

5. 应当报高院审核，高院拟同意中院意见的，应当报最高院审核。

《最高人民法院关于仲裁司法审查案件报核问题的有关规定》第2条第3款规定：各中级人民法院或者专门人民法院办理非涉外涉港澳台仲裁司法审查案件，经审查拟认定仲裁协议无效，不予执行或者撤销我国内地仲裁机构的仲裁裁决，应当向本辖区所属高级人民法院报核；待高级人民法院审核后，方可依高级人民法院的审核意见作出裁定。

第3条：高级人民法院经审查拟同意中级人民法院或者专门人民法院认定仲裁协议无效，不予执行或者撤销我国内地仲裁机构的仲裁裁决，在下列情形下，应当向最高人民法院报核，待最高人民法院审核后，方可依最高人民法院的审核意见作出裁定：（一）仲裁司法审查案件当事人住所地跨省级行政区域；（二）以违背社会公共利益为由不予执行或者撤销我国内地仲裁机构的仲裁裁决。

6. 可以以不同理由，申请不予执行仲裁裁决。

根据《仲裁法解释》第26条规定："当事人向人民法院申请撤销仲裁裁决被驳回后，又在执行程序中以相同理由提出不予执行抗辩的，人民法院不予支持。"因此，当事人在仲裁程序中败诉后，在事实上可以先申请撤销仲裁裁决，随后在进入执行程序后，还可以以不同理由，再次申请不予执行仲裁裁决。

案例八

【案情】

居住在甲市A区的王某驾车以60公里时速在甲市B区行驶，突遇居住在甲市C区的刘某骑自行车横穿马路，王某紧急刹车，刘某在车前倒地受伤。刘某被送往甲市B区医院治疗，疗效一般，留有一定后遗症。之后，双方就王某开车是否撞倒刘某，以及相关赔偿事宜发生争执，无法达成协议。

刘某诉至法院，主张自己被王某开车撞伤，要求赔偿。刘某提交的证据包括：甲市B区交警大队的交通事故处理认定书（该认定书没有对刘某倒地受伤是否为王某开车所致作出认定）、医院的诊断书（复印件）、处方（复印件）、药费和住院费的发票等。王某提交了自己在事故现场用数码摄像机拍摄的车与刘某倒地后状态的视频资料。图像显示，刘某倒地位置与王某车距离1米左右。王某以该证据证明其车没有撞倒刘某。

一审中，双方争执焦点为：刘某倒地受伤是否为王某驾车撞倒所致；刘某所留后遗症是否因医疗措施不当所致。

法院审理后，无法确定王某的车是否撞倒刘某。一审法院认为，王某的车是否撞倒刘某无法确定，但即使王某的车没有撞倒刘某，由于王某车型较大、车速较快、刹车突然、刹车声音刺耳等原因，足以使刘某受到惊吓而从自行车上摔倒受伤。因此，王某应当对刘某受伤承担相应责任。同时，刘某因违反交通规则，对其受伤也应当承担相应责任。据此，法院判决：王某对刘某的经济损失承担50%的赔偿责任。关于刘某受伤后留下后遗症问题，一审法院没有作出说明。

王某不服一审判决，提起上诉。二审法院审理后认为，综合各种证据，认定王某的车撞倒刘某，致其受伤。同时，二审法院认为，一审法院关于双方当事人就事故的经济责任分担符合法律原则和规定。故此，二审法院驳回王某上诉，维持原判。

【问题】

1. 对刘某提起的损害赔偿诉讼，哪个（些）法院有管辖权？为什么？

2. 本案所列当事人提供的证据，属于法律规定中的哪种证据？属于理论上的哪类证据？

3. 根据民事诉讼法学（包括证据法学）相关原理，一审法院判决是否存在问题？为什么？

4. 根据《民事诉讼法》有关规定，二审法院判决是否存在问题？为什么？

【参考答案】

1. 对本案享有管辖权的有甲市 A 区法院和甲市 B 区法院。本案属于侵权纠纷，侵权行为地与被告住所地法院享有管辖权；本案的侵权行为发生在甲市 B 区，被告王某居住在甲市 A 区。

2. 根据《民事诉讼法》关于证据的分类：本案中，交通大队的事故认定书、医院的诊断书（复印件）、处方（复印件）、药费和住院费的发票都属于书证，王某在事故现场用数码摄像机拍摄的就他的车与刘某倒地之后的状态的视频资料属于视听资料（原答案），现为电子数据。

根据理论上对证据的分类：（1）上述证据都属于间接证据；（2）甲市 B 区交通大队的交通事故处理认定书、药费和住院费的发票，王某自己在事故现场用数码摄像机拍摄的就他的车与刘某倒地之后的状态的视频资料属于原始证据；医院的诊断书（复印件）、处方（复印件）属于传来证据；（3）就证明王某的车撞到刘某并致刘受伤的事实而言，刘某提供的各类证据均为本证，王某提供的证据为反证。

3. 一审法院判决存在如下问题：

（1）判决没有针对案件的争议焦点作出事实认定，违反了辩论原则；

（2）在案件争执的法律要件事实真伪不明的情况下，法院没有根据证明责任原理来作出判决；

（3）法院未对第二个争执焦点作出事实认定。

4. 二审法院维持原判，驳回上诉是不符合《民事诉讼法》第 177 条规定。因为，依据法律规定，只有在一审法院认定事实清楚，适用法律正确的情况下，二审法院才可以维持原判，驳回上诉。而本案中，二审法院的判决认定了王某开车撞到了刘某，该事实认定与一审法院对案件事实的认定有根本性的差别，这说明一审法院认定案件事实不清或存在错误。在此情况下，二审法院既可以选择裁定撤销原判决、发回重审，也可以选择依法改判，而不应当维持原判。

案例九

【案情】

2011 年 11 月 18 日，陈某某驾驶车牌号为京 A82368 车辆行驶至北京市朝阳区机场高速公路上时，与李志贵驾驶的车牌号为冀 GA9120 的车辆发生交通事故，造成京 A82368 车辆受损。经交管部门认定，李志贵负事故全部责任，并出具事故认定书。车牌号为京 A82368 的车辆为北京亚大锦都餐饮管理有限公司所有，华泰财产保险有限公司北京分公司（简称华泰保险公司）与北京亚大锦都餐饮管理有限公司（简称亚大锦都餐饮公司）就该车辆签订有机动车辆保险合同，保险期间自 2011 年 6 月 5 日 0 时起至 2012 年 6 月 4 日 24 时止。

事故发生后，华泰保险公司依照保险合同的约定，向被保险人亚大锦都餐饮公司赔偿保险金 83878 元，并依法取得代位求偿权。后查明，肇事车辆系在天安财产保险股份有限公司河北省分公司张家口支公司（简称天安保险公司）投保了机动车交通事故责任强制保险。

李志贵的住所地为河北省张家口市怀来县沙城镇，天安保险公司的住所地为张家口市怀来县沙城镇燕京路东 108 号，保险事故发生地为北京市朝阳区机场高速公路上，被保险车辆行驶证记载所有人的住址为北京市东城区工体北路新中西街 8 号。

因赔偿问题无法达成一致，华泰保险公司诉至法院，请求判令肇事司机李志贵和天安保险公司赔偿 83878 元，并承担诉讼费用。

法院适用简易程序审理此案，指定了 10 日的举证期限，在此期间，华泰保险公司向法院提交了京 A82368 车辆的保险单据等证据。开庭时，华泰保险公司又向法院提供了赔偿给亚大锦都餐饮公司的转账记录及收据。庭审调查中，被告主张该证据已超过举证期限，而原告则解释说，迟延提出证据是因法务部门工作太多，所以未能及时提交。最后法官仍安排双方对该证据进行质证。经双方同意，法庭主持该案调解。在调解中，被告认为事故认定书有问题，提出虽肇事车辆车速过快，但受损车辆连续变道，对事故发生也负有责任。原告承认受损车辆行驶中确实有连续变道的行为。双方最终未能达成调解协议。法院依据双方在调解中陈述的事实和情况，认定被告承担主要责任，原告承担次要责任；并判决被告赔偿原告共计 7 万元。原告和被告均当即口头表示将提起上诉。

但双方均一直没有提交上诉状．上诉期满后，华泰保险公司收集到了受损车辆被撞之前的视频录像，显示并没有连续变道的情形，据此向法院申请再审。法院受理了原告的再审申请并裁定再审。

【问题】

1. 本案应当由哪个（些）法院管辖？简要说明理由。

2. 本案的被告是谁？简要说明理由。

3. 交警大队出具的事故认定书，是否当然就具有证明力？简要说明理由。

4. 请指出一审法院在审理中存在的问题，并说明理由。

5. 双方提出的上诉是否产生上诉效力？为什么？

6. 华泰保险公司可以向哪个（些）法院申请再审？其申请再审所依据的理由应当是什么？

7. 再审法院应当按照什么程序对案件进行再审？

8. 华泰保险公司可否在申请再审的同时申请抗诉？如华泰保险公司申请抗诉，再审法院应当按照什么程序进行再审？

【参考答案】

1. 对本案有管辖权的法院为张家口市怀来县法院或者北京市朝阳区法院。

根据《保险法》第 60 条的规定，保险人的代位求偿权是指保险人依法享有的，代位行使被保险人向造成保险标的损害负有赔偿责任的第三者请求赔偿的权利。保险人代位求偿权源于法律的直接规定，属于保险人的法定权利，并非基于保险合同而产生的约定权利。因第三者对保险标的的损害造成保险事故，保险人向被保险人赔偿保险金后，代位行使被保险人对第三者请求赔偿的权利而提起诉讼的，应根据保险人所代位的被保险人与第三者之间的法律关系确定管辖法院。第三者侵害被保险人合法权益，因侵权行为提起的诉讼，依据《民事诉讼法》第 29 条的规定，由侵权行为地或者被告住所地法院管辖，而不适用财产保险合同纠纷管辖的规定，不应以保险标的物所在地作为管辖依据。

本案侵权行为地为北京市朝阳区，被告住所地为张家口市怀来县。

2. 应当将李志贵和天安保险公司作为被告。

根据《道路交通安全法》第76条第1款的规定，机动车发生交通事故造成人身伤亡、财产损失的，由保险公司在机动车第三者责任强制保险责任限额范围内予以赔偿。

3. 交警大队出具的事故认定书，不当然具有证明力。

在诉讼中，交警大队出具的事故认定书只是证据的一种，其所证明的事实与案件其他证据所证明的事实是否一致，以及法院是否确信该事故认定书所确认的事实，法院有权根据案件的综合情况予以判断，即该事故认定书的证明力由法院判断后确定。

4. 将原告承认受损车辆行驶中确实有连续变道的行为视为自认，做法错误。

根据《民事诉讼法解释》第107条规定，法院对当事人在调解中承认的事实作为认定当事人责任分担的证据的做法错误，当事人为了达成调解协议而对相关事实的认可，不得在其后的诉讼中作为对其不利的证据，法律另有规定或者当事人均同意的除外。

5. 不产生，上诉必须采用书面形式，提交上诉状。

根据《民事诉讼法解释》第320条规定："一审宣判时或者判决书、裁定书送达时，当事人口头表示上诉的，人民法院应告知其必须在法定上诉期间内递交上诉状。未在法定上诉期间内递交上诉状的，视为未提起上诉。虽递交上诉状，但未在指定的期限内交纳上诉费的，按自动撤回上诉处理。"

6.（1）可以向一审法院的上一级法院申请再审。

根据《民事诉讼法》第206条规定："当事人对已经发生法律效力的判决、裁定，认为有错误的，可以向上一级人民法院申请再审；当事人一方人数众多或者当事人双方为公民的案件，也可以向原审人民法院申请再审。当事人申请再审的，不停止判决、裁定的执行。

因此，当事人申请再审原则上向原审法院的上一级法院提出。本案不满足当事人一方人数众多或者当事人双方为公民的条件，因此不存在向原审法院申请再审的法定事由。"

（2）申请再审的理由为：有新的证据，足以推翻原判决、裁定。

7. 再审法院应当按照第二审程序对案件进行再审。

根据《民事诉讼法》第214条第1款规定："人民法院按照审判监督程序再审的案件，发生法律效力的判决、裁定是由第一审法院作出的，按照第一审程序审理，所作的判决、裁定，当事人可以上诉；发生法律效力的判决、裁定是由第二审法院作出的，按照第二审程序审理，所作的判决、裁定，是发生法律效力的判决、裁定；上级人民法院按照审判监督程序提审的，按照第二审程序审理，所作的判决、裁定是发生法律效力的判决、裁定。"

本案中，受理并裁定对案件进行再审的是原审法院的上一级法院，属于提审的情形，故应当适用第二审程序对案件进行再审。

8.（1）不可以在申请再审的同时提出抗诉申请。

根据《民事诉讼法》第216条规定，有下列情形之一的，当事人可以向人民检察院申请检察建议或者抗诉：

（一）人民法院驳回再审申请的；

（二）人民法院逾期未对再审申请作出裁定的；

（三）再审判决、裁定有明显错误的。

人民检察院对当事人的申请应当在三个月内进行审查，作出提出或者不予提出检察建议或者抗诉的决定。当事人不得再次向人民检察院申请检察建议或者抗诉。

故应当先向法院申请再审，申请再审遇到问题（符合上述三种情形之一）后，再向检察院申请检察建议或者抗诉。

（2）按照一审程序，也可能按照二审程序进行再审审理。

根据《民事诉讼法》第 215 条第 1 款规定："最高人民检察院对各级人民法院已经发生法律效力的判决、裁定，上级人民检察院对下级人民法院已经发生法律效力的判决、裁定，发现有本法第二百零七条规定情形之一的，或者发现调解书损害国家利益、社会公共利益的，应当提出抗诉。"

又根据《民事诉讼法》第 218 条规定："人民检察院提出抗诉的案件，接受抗诉的人民法院应当自收到抗诉书之日起三十日内作出再审的裁定；有本法第二百零七条第一项至第五项规定情形之一的，可以交下一级人民法院再审，但经该下一级人民法院再审的除外。"

本案是因有新证据申请的抗诉，属于第 207 条第（一）项情形，故接受抗诉的法院可以自己审理，也可以交给下一级法院审理，如自己审理，属于提审，应当适用二审程序进行再审；如交给下一级法院审理，原来是一审审结的，应当适用一审程序进行再审。

<h1 style="text-align:center">案例十</h1>

【案情】

2014 年 9 月至 10 月间，嘉兴市平湖区绿谊环保服务有限公司将 5000 余吨污泥倾倒在平湖区大胜村池塘内，该区域属平湖市饮用水水源二级保护区。该污染造成大胜村 100 户村民的鱼塘养鱼大量死亡。

2014 年 11 月 1 日，平湖区环境保护局接到群众举报后对本案予以立案调查。环保部门认定被告绿谊公司的倾倒行为违反了国家相关规定，要求被告绿谊公司限期清除上述污泥，并对被告绿谊公司作出罚款 5 万元的行政处罚。

11 月 7 日，平湖区环境保护局正式向法院提起民事诉讼。庭审中，被告绿谊公司，委托张律师作为代理人参加了诉讼。原告指出被告绿谊公司作为专门的环保服务公司，并未依法取得处置危险废物的经营许可证，在承接可能是危险废物的制革污泥处置业务时负有审查义务。绿谊公司在运输、贮存制革污泥过程中，未采取防扬撒、防流失、防渗漏或者其他防止污染的措施，擅自倾倒、堆放固体废物，违反了《中华人民共和国固体废物污染环境防治法》第十七条的规定，污染了生态环境。被告绿谊公司将上述固体废物倾倒于本市饮用水水源二级保护区内，违反了《中华人民共和国水污染防治法》第五十九条和《浙江省水污染防治条例》第十五条的规定，严重影响了饮用水水源的安全，给国家造成了巨额经济损失，依法应当承担相应的民事赔偿责任。

被告认为平湖区环境保护局并未在此次环境事件中遭受损失，故原告的主体不适格。

2015 年 1 月，以李强为代表的 100 户村民欲向法院提起诉讼，推选李强为诉讼代表人。

【问题】

1. 本案被告主张平湖区环保局不具备原告资格，理由是否成立？

2. 平湖区环保局可以向哪些法院提起公益诉讼？

3. 人民法院受理平湖区环保局的起诉后，其他依法可以提起诉讼的机关和有关组织能否再向法院起诉？法院会如何处理？

4. 本案法院受理了平湖区环保局的起诉后，李强能否代表 100 村民向法院申请参加该公益诉讼？

5. 嘉兴市中院在审理该案过程中，能否调解，如果可以，有什么程序要求？

6. 嘉兴市中院审理公益诉讼中，张律师是否有权和原告进行和解，如果可以有什么要求？

7. 如果李强代表 100 户村民向法院提起诉讼，李强在诉讼中是否有权与对方和解，如果可以，有什么程序要求？

8. 如果村民中王军不同意李强作为代表人参加诉讼，该如何处理？

9. 诉讼中如果被告绿谊环保服务有限公司否认自己向池塘排污，对于该事项由谁来承担证明责任？

【参考答案】

1. 不成立。

根据《民事诉讼法解释》第 282 条规定："环境保护法、消费者权益保护法等法律规定的机关和有关组织对污染环境、侵害众多消费者合法权益等损害社会公共利益的行为，根据民事诉讼法第五十八条规定提起公益诉讼，符合下列条件的，人民法院应当受理：（一）有明确的被告；（二）有具体的诉讼请求；（三）有社会公共利益受到损害的初步证据；（四）属于人民法院受理民事诉讼的范围和受诉人民法院管辖。"

2. 平湖区环保局可以向污染环境、破坏生态行为发生地，损害结果地或者被告住所地的中级以上人民法院提起公益诉讼。

根据《关于审理环境民事公益诉讼案件适用法律若干问题的解释》第 6 条规定："第一审环境民事公益诉讼案件由污染环境、破坏生态行为发生地、损害结果地或者被告住所地的中级以上人民法院管辖。中级人民法院认为确有必要的，可以在报请高级人民法院批准后，裁定将本院管辖的第一审环境民事公益诉讼案件交由基层人民法院审理。同一原告或者不同原告对同一污染环境、破坏生态行为分别向两个以上有管辖权的人民法院提起环境民事公益诉讼的，由最先立案的人民法院管辖，必要时由共同上级人民法院指定管辖。"

3. 其他依法可以提起诉讼的机关和有关组织可以向法院起诉，经审查符合法院条件的，人民法院应当将其列为共同原告。

根据《民事诉讼法解释》第 285 条规定："人民法院受理公益诉讼案件后，依法可以提起诉讼的其他机关和有关组织，可以在开庭前向人民法院申请参加诉讼。人民法院准许参加诉讼的，列为共同原告。"根据《关于审理环境民事公益诉讼案件适用法律若干问题的解释》第 10 条第 1 款和第 2 款规定："人民法院受理环境民事公益诉讼后，应当在立案之日起五日内将起诉状副本发送被告，并公告案件受理情况。有权提起诉讼的其他机关和社会组织在公告之日起三十日内申请参加诉讼，经审查符合法定条件的，人民法院应当将其列为共同原告；逾期申请的，不予准许。"

4. 不可以。法院应告知另行起诉。根据《关于审理环境民事公益诉讼案件适用法律若干问题的解释》第 10 条第 3 款规定："公民、法人和其他组织以人身、财产受到损害为由申请参加诉讼的，告知其另行起诉。"

5. 可以调解。法院应当将和解或者调解协议进行公告。公告期间不得少于三十日。公告期满后，人民法院经审查，和解或者调解协议不违反社会公共利益的，应当出具调解书；和解或者调解协议违反社会公共利益的，不予出具调解书，继续对案件进行审理并依法作出裁判。

根据《民事诉讼法解释》第 287 条规定："对公益诉讼案件，当事人可以和解，人民法院可以调解。当事人达成和解或者调解协议后，人民法院应当将和解或者调解协议进行公告。公告期间不得少于三十日。公告期满后，人民法院经审查，和解或者调解协议不违反社会公共利益的，应当出具调解书；和解或者调解协议违反社会公共利益的，不予出具调解书，继续对案件进行审理并依法作出裁判。"

6. 张律师有权和原告进行和解，但是需要经过特别授权。

根据《民事诉讼法》第62条第2款规定："授权委托书必须记明委托事项和权限。诉讼代理人代为承认、放弃、变更诉讼请求，进行和解，提起反诉或者上诉，必须有委托人的特别授权。"

7. 李强在诉讼中有权参与和解，但必须经被代表的当事人同意。

根据《民事诉讼法》第56条规定："当事人一方人数众多的共同诉讼，可以由当事人推选代表人进行诉讼。代表人的诉讼行为对其所代表的当事人发生效力，但代表人变更、放弃诉讼请求或者承认对方当事人的诉讼请求，进行和解，必须经被代表的当事人同意。"

8. 王军可以另行起诉。

根据《民事诉讼法解释》第76条规定："依照民事诉讼法第五十六条规定，当事人一方人数众多在起诉时确定的，可以由全体当事人推选共同的代表人，也可以由部分当事人推选自己的代表人；推选不出代表人的当事人，在必要的共同诉讼中可以自己参加诉讼，在普通的共同诉讼中可以另行起诉。"

9. 由原告承担证明责任。

环境污染的案件中，因果关系采举证责任倒置，而向池塘排污的行为属于侵权行为，该事实的举证责任并不倒置，故仍应由原告承担。

案例十一

【案情】

王某为个体工商户，在北京市东城区某中学门口，开办一文具店，登记注册字号为"小天才"文具店。2016年8月3日，王某从北京市朝阳区购进的一批器材到达店门口后，便临时雇佣刚刚放学的赵某（2002年5月4日出生）卸货。在卸货过程中，赵某因搬货挡住视线，被京通快递公司（公司住所为北京市通州区）的司机刘某驾车撞伤，花去若干医疗费。赵某病愈后，留下10级伤残，赵某拟对京通公司及其司机刘某向法院提起诉讼，要求其承担侵权赔偿责任。

法院受理后，指定了15日的举证期限，在此期间赵父向法院提供了路人崔某目睹撞人过程的书面证言、赵某的住院记录和伤残认定。一审开庭时，京通快递公司的法定代表人没有出庭，其委托律师和司机刘某出席。庭审调查中，被告委托律师提出要求证人出庭，并对伤残认定重新鉴定，法官认为可以让证人出庭出证，但对重新鉴定没有准许。

经双方同意，法庭对该案进行调解，双方达成调解协议，被告一次性赔偿原告医疗费、残疾赔偿金等经济损失5万元，但在签字时，赵父反悔，认为赵某年幼，留下伤残，还需赔偿精神损失费10万元。因此，一审法院作出判决不支持赵父的精神损失费的诉讼请求，但将医疗费等经济损失提高到8万元。

京通运输公司不服，认为王某也应承担一定责任，因此以赵父、王某一并作为被上诉人提起二审。

【问题】

1. 赵某如向法院起诉，可以向哪个（些）法院起诉？

2. 赵某及赵父拟向法院起诉，本案的原告应该如何确定？

3. 如法院受理后，因本案赵某未成年，遂决定不公开审理此案，是否正确？为什么？

4. 法院指定 15 日举证期限是否正确？

5. 法院可否在庭审调查中同意被告申请证人出庭作证？为什么？

6. 京通公司以赵父、王某作为被上诉人是否正确？

7. 如果赵某拟起诉王某，要求其承担责任，当事人如何列明？

【参考答案】

1. 赵某可以向东城区法院或者通州区法院起诉。

根据《民事诉讼法》第 29 条规定："因侵权行为提起的诉讼，由侵权行为地或者被告住所地人民法院管辖。"本案中，侵权行为地为北京市东城区，被告住所地为北京市通州区。

2. 本案的原告应为赵某。

根据《民事诉讼法》第 60 条规定："无诉讼行为能力人由他的监护人作为法定代理人代为诉讼。"又根据《民事诉讼法解释》第 83 条规定："在诉讼中，无民事行为能力人、限制民事行为能力人的监护人是他的法定代理人。事先没有确定监护人的，可以由有监护资格的人协商确定；协商不成的，由人民法院在他们之中指定诉讼中的法定代理人。当事人没有民法典第二十七条、第二十八条规定的监护人的，可以指定民法典第三十二条规定的有关组织担任诉讼中的法定代理人。"本案中，赵某虽然是未成年人，但其仍具有原告资格。赵父是其监护人应以法定代理人身份参加诉讼。

3. 法院不公开审理此案的做法不正确。本案并未有应不公开审理的事由。

根据《民事诉讼法》第 137 条规定："人民法院审理民事案件，除涉及国家秘密、个人隐私或者法律另有规定的以外，应当公开进行。离婚案件，涉及商业秘密的案件，当事人申请不公开审理的，可以不公开审理。"本案并不是涉及国家秘密、个人隐私或者当事人申请的离婚，商业秘密案件，因此应公开审理。

4. 法院指定 15 日的举证期限合法。

根据《民事诉讼法解释》第 99 条第 2 款规定："人民法院确定举证期限，第一审普通程序案件不得少于十五日，当事人提供新的证据的第二审案件不得少于十日。"故法院指定 15 日举证期限合法。

5. 被告在法庭调查期间才申请证人出庭，法院一般不应允许。当事人申请证人出庭作证应当在举证期限届满前提出。

因为当事人申请证人出庭作证，应当在举证期限届满前提出，并经人民法院许可。但是根据《民事诉讼法解释》第 101 和 102 条规定，特殊情形下，过了举证期限依然可以提供证据，那当然也可以过了举证期限申请证人出庭作证。《民事诉讼法解释》第 101 条规定："当事人逾期提供证据的，人民法院应当责令其说明理由，必要时可以要求其提供相应的证据。当事人因客观原因逾期提供证据，或者对方当事人对逾期提供证据未提出异议的，视为未逾期。"该解释第 102 条规定："当事人因故意或者重大过失逾期提供的证据，人民法院不予采纳。但该证据与案件基本事实有关的，人民法院应当采纳，并依照民事诉讼法第六十八条、第一百一十八条第一款的规定予以训诫、罚款。当事人非因故意或者重大过失逾期提供的证据，人民法院应当采纳，并对当事人予以训诫。当事人一方要求另一方赔偿因逾期提供证据致使其增加的交通、住宿、就餐、误工、证人出庭作证等必要费用的，人民法院可予支持。"据此被告在法庭调查期间才申请证人出庭，法院一般不应允许。

6. 不正确。

京通公司不能以赵父和王某为被上诉人提起上诉。因为他们并非是一审诉讼参加人。

7. 赵某为原告,赵父为法定代理人;被告为"小天才"文具店,同时注明王某的基本信息。

根据《民事诉讼法解释》第59条规定:"在诉讼中,个体工商户以营业执照上登记的经营者为当事人。有字号的,以营业执照上登记的字号为当事人,但应同时注明该字号经营者的基本信息。营业执照上登记的经营者与实际经营者不一致的,以登记的经营者和实际经营者为共同诉讼人。"

案例十二

【案情】

居住在甲市A区的王某和妻子李某一同到居住在甲市B区的朋友陈某家作客,不幸被陈某的邻居刘某饲养的宠物狗咬伤。王某要求刘某赔偿,双方就赔偿数额进行商定,却无法达成一致。于是王某将刘某诉至法院,要求刘某承担侵权损害赔偿责任。王某向法院提交了如下证据:医院出具的病例以及诊疗费用的单据,双方就赔偿数额洽谈过程中交换意见的手机短信以及电子邮件等。与此同时,王某提出妻子李某可以作为证人出庭作证。

一审法院经过开庭审理认为,刘某作为饲养人应当承担侵权损害的赔偿责任。刘某不服一审判决,提起上诉。二审法院审理后认为,一审法院的判决符合法律原则和规定。故此,二审法院判决驳回刘某上诉,维持原判。二审法院的判决生效后,刘某发现二审审理的法官是王某的表哥,现欲申请再审。关于本案,请回答下列问题。

【问题】

1. 王某对刘某提起的损害赔偿诉讼,哪个(些)法院有管辖权?为什么?

2. 若王某向甲市C区法院起诉,刘某不提出管辖权异议并应诉答辩,C区法院在审理中发现自己对本案无管辖权,请问能否移送给其他有管辖权的法院?

3. 本案诉讼中,王某作为原告应当就哪些事项进行举证证明?若饲养人刘某主张王某是故意逗狗造成损伤,该主张应由谁来证明?

4. 本案中王某提供的证据,属于法律规定中的哪种证据?

5. 王某的妻子李某可否作为证人出庭作证?如果可以,庭审中李某可否不出庭?

6. 本案的二审审理中,二审法院可否不开庭?

7. 本案刘某应当在什么时间内申请再审。申请再审的途径如何?

【参考答案】

1. 对本案享有管辖权的有甲市B区法院。本案属于侵权纠纷,应当由被告住所地和侵权行为地管辖,在本案中两者重合为B区。

2. 不能,修改后的《民事诉讼法》规定了国内的应诉管辖规则,单纯的违背地域管辖规则时,受诉法院不能移送,原被告的起诉、应诉行为使得受诉法院当然取得管辖权。

3. 王某应就刘某的狗将其咬伤的事实,花费的医疗费用等损失,以及侵权行为与损害间的因果关系的事实进行证明。王某故意斗狗遭咬伤属于免责事由,应当由被告刘某举证证明。

4. 信以及电子邮件属于电子数据。王某妻子若出庭作证属于证人证言。

5. 王某的妻子李某可以作为证人出庭作证。原因在于证人不是回避的主体。证人原则上要出庭作证,这是直接言词原则的要求,但是有下列情形之一,经人民法院许可,可通过书面证言、视听传输技术或视听资料等方式作证：（1）因健康原因不能出庭的；（2）因路途遥远，交通不便不能出庭的；（3）因自然灾害等不可抗力不能出庭的；（4）其他有正当理由不能出庭的。

6. 《民事诉讼法》第 176 条第 1 款规定："第二审人民法院对上诉案件应当开庭审理。经过阅卷、调查和询问当事人，对没有提出新的事实、证据或者理由，人民法院认为不需要开庭审理的，可以不开庭审理。因此本案二审可以不开庭。"

7. 因刘某申请再审的理由属于依法应当回避的审判人员没有回避的情形，故应当在判决发生效力后 6 个月内提出（《民事诉讼法》第 207 条（七））。因本案属于当事人双方均为公民的案件，故申请再审的途径有两个，既可以向二审法院的上一级高院申请，也可以向原生效审的中院申请。

案例十三

【案情】

张三和李四因琐事争吵，争吵过程中，张三失手将李四打伤。李四当即将张三拉到镇上的法庭，起诉张三要求赔偿。陪审员王某在听取了张三和李四的陈述后，当庭予以调解，没有调解成功后，王某决定适用简易程序审理，给双方确定了 10 天的举证期限。王某一直想调解结案，但是因为双方争执较大，一直没有调解成功，3 个月审限到期后，王某报请院长批准后，又延长了 2 个月。延期内，王某以案情简单为由，未开庭审理即做出判决，判决张三赔偿李四人民币 300 元，并在判决书上面加盖了法庭的印章后，让双方当事人当场签收。张三不服，提起上诉，并声称李四欠其房屋修理费 500 元一直没付。二审法院认为案件事实清楚，决定在询问当事人后，由独任审判员径行裁判。本着提高诉讼效率的原则，二审法院对于张三新的请求一并作出了判决。

【问题】

1. 试评价本案中一审法院的做法？
2. 二审法院有哪些做法不符合法律规定？

【参考答案】

1. 关于一审法院的做法的评价如下：

（1）王某作为人民陪审员不能独任审理该案。

根据《民事诉讼法》第 163 条规定："简单的民事案件由审判员一人独任审理……"

（2）不开庭审理是错误的。

一审案件必须开庭审理，本案未经开庭审理即作出判决不合法。

（3）法院指定了 10 天举证期限符合法律规定。

根据《民事诉讼法解释》第 266 条规定："适用简易程序案件的举证期限由人民法院确定，也可以由当事人协商一致并经人民法院准许，但不得超过十五日……"

（4）延期 2 个月符合期限规定，但是应该经过双方当事人同意继续适用简易程序才可以，而不能直接报院长批准。

根据《民事诉讼法解释》第 258 条第 1 款规定："适用简易程序审理的案件，审理期限到期后，有特殊情况需要延长的，经本院院长批准，可以延长审理期限。延长后的审理期限累计不得超过四个月。"

（5）人民法庭作出的裁判文书，必须加盖基层法院的印章。

根据《民事诉讼法解释》第 262 条规定："人民法庭制作的判决书、裁定书、调解书，必须加盖基层人民法院印章，不得用人民法庭的印章代替基层人民法院的印章。"

2. 二审法院不符合法律规定的有：

（1）二审必须要组成合议庭，不能实行独任制。

根据《民事诉讼法》第 41 条："人民法院审理第二审民事案件，由审判员组成合议庭。合议庭的成员人数，必须是单数。

中级人民法院对第一审适用简易程序审结或者不服裁定提起上诉的第二审民事案件，事实清楚、权利义务关系明确的，经双方当事人同意，可以由审判员一人独任审理。

发回重审的案件，原审人民法院应当按照第一审程序另行组成合议庭。

审理再审案件，原来是第一审的，按照第一审程序另行组成合议庭；原来是第二审的或者是上级人民法院提审的，按照第二审程序另行组成合议庭。"

（2）对于新增的诉讼请求，二审法院不能直接作出判决。

根据《民事诉讼法解释》第 328 条："在第二审程序中，原审原告增加独立的诉讼请求或者原审被告提出反诉的，第二审人民法院可以根据当事人自愿的原则就新增加的诉讼请求或者反诉进行调解；调解不成的，告知当事人另行起诉。双方当事人同意由第二审人民法院一并审理的，第二审人民法院可以一并裁判。"

案例十四

【案情】

张某和李某签订了一份货物买卖合同，合同总金额为 500 万元，违约金为 50 万元。后来因为张某提供产品的某一项技术指标没有达到合同约定的标准，李某拒绝接收货物，并要求张某承担违约责任，双方就此发生争议。后经过人民调解委员会调解，双方达成调解协议，张某同意赔偿李某损失 40 万元，并在调解协议达成后的 10 天内履行协议。但是 10 天后，张某并没有按照调解协议的约定向李某支付款项。

【问题】

1. 试回答调解与诉讼这两种解决民事纠纷的方式各有什么特点？

2. 本案在人民调解委员会作出调解协议之后，如双方不满意，可否再向法院起诉？

3. 本案中，李某可否依据人民调解委员会所做出的调解协议向人民法院请求强制执行？为什么？如若不可以，李某可以怎样更好维护自己的权益？

4. 假如后来法院就双方 40 万元纠纷做出了生效的裁判文书。李某向法院申请强制执行时，张某实在没有偿付能力，李某申请执行张某家里一幅价值 40 万古画，张某提出异议，说该幅古画，是祖传财产，不能用来执行，被执行法院驳回，张某如何救济自己权利？

5. 在上一问中，假如申请执行古画时，王某向法院提出异议，说该幅古画是其借给张某，不应该执行该幅古画。法院审查后，驳回其异议，王某应如何救济自己的权利？

【参考答案】

1. 两者在当事人的自由意志性、程序的严格性、内容的合法性方面均有明显的不同。

（1）调解。

诉讼外调解，是指双方当事人在第三方的组织下，就民事纠纷进行协商，在互谅互让的基础上达成解决民事纠纷协议的行为。诉讼外调解主要有人民调解、行业调解和行政调解。

（2）诉讼。

民事诉讼，是指法院在所有诉讼参与人的参加下，按照法律规定的程序，审理和解决民事案件的诉讼活动以及在活动中产生的各种法律关系的总和。

2. 可以。但双方不能就原纠纷向法院起诉，只能就调解协议的内容向法院起诉。

经人民调解委员会调解达成调解协议后，当事人之间就调解协议的履行或者调解协议的内容发生争议的，一方当事人可以向人民法院提起诉讼。就此提起诉讼的，法院首先审查调解协议本身是否具有无效或可撤销的情形，若没有无效或可撤销的情形，则调解协议有效，纠纷依据调解协议解决，视为双方就权利义务的分配已经达成协议，法院也会依据该协议内容作出裁判，要求双方按照协议履行。如果调解协议具有无效或可撤销的情形，当事人主张无效或撤销该调解协议的，法院将依法对当事人之间的权利义务关系重新作出裁判。

3. 不可以，因为调解协议没有强制执行力；李某可以在调解协议达成后，与张某共同向法院申请作出确认调解协议的效力的裁定。法院如作出裁定后，对方再不履行调解协议，可依该裁定申请强制执行。

经人民调解委员会调解达成调解协议后，双方当事人认为有必要的，可以自调解协议生效之日起30日内共同向人民法院申请司法确认，人民法院应当及时对调解协议进行审查，依法确认调解协议的效力。司法确认的后果：

（1）人民法院依法确认调解协议有效，一方当事人拒绝履行或者未全部履行的，对方当事人可以向人民法院申请强制执行。

（2）人民法院依法确认调解协议无效的，当事人可以通过人民调解方式变更原调解协议或者达成新的调解协议，也可以向人民法院提起诉讼。

4. 张某的行为属于执行行为异议，可以申请复议。

根据《民事诉讼法》第232条规定："当事人、利害关系人认为执行行为违反法律规定的，可以向负责执行的人民法院提出书面异议。当事人、利害关系人提出书面异议的，人民法院应当自收到书面异议之日起十五日内审查，理由成立的，裁定撤销或者改正；理由不成立的，裁定驳回。当事人、利害关系人对裁定不服的，可以自裁定送达之日起十日内向上一级人民法院申请复议。"故张某此时可以申请复议。

5. 王某可以提出案外人执行异议之诉。

根据《民事诉讼法解释》第304条规定："根据民事诉讼法第二百三十四条规定，案外人、当事人对执行异议裁定不服，自裁定送达之日起十五日内向人民法院提起执行异议之诉的，由执行法院管辖。"

又根据《民事诉讼法解释》第304条规定："案外人提起执行异议之诉，除符合民事诉讼法第一百二十二条规定外，还应当具备下列条件：（一）案外人的执行异议申请已经被人民法院裁定驳回；（二）有明确的排除对执行标的执行的诉讼请求，且诉讼请求与原判决、裁定无关；（三）自执行异议裁定送达之日起十五日内提起。人民法院应当在收到起诉状之日起十五日内决定是否立案。"故异议被驳回后，王某可以提起案外人执行异议之诉来维护自己的权益。

案例十五

【案情】

2016 年 7 月，甲市 A 公司与乙市 B 公司签订了一份买卖合同。合同中的仲裁条款规定："因履行合同发生的争议，由双方协商解决；达不成协议的，由仲裁机构仲裁。"2016 年 9 月，双方发生争议 A 公司向甲市仲裁委员会递交了仲裁申请书，但 B 公司拒绝答辩。同年 11 月，双方经过协商，重新签订了一份仲裁协议，并商定将此合同争议提交 B 公司所在地乙市仲裁委员会仲裁。

事后 A 公司担心乙市仲裁委员会偏袒 B 公司，故未申请仲裁，而向合同履行地人民法院提起诉讼，且起诉时未说明此前两次约定仲裁的情况，法院受理此案，并向 B 公司送达了起诉状副本，B 公司向法院提交了答辩状。法院经审理判决被告 B 公司败诉，被告不服，提起上诉，理由是双方事先有仲裁协议，法院一审判决无效。

【问题】

1. 原买卖合同中的仲裁条款是否有效？请说明理由。
2. 发生争议后，双方签订的协议是否有效？为什么？
3. 原告 A 公司向法院提起诉讼正确与否？为什么？
4. 人民法院审理本案是否正确，为什么？
5. 被告 B 公司的上诉理由是否正确，为什么？

【参考答案】

1. 仲裁条款无效。因为该仲裁条款未指明具体的仲裁委员会，致使无法履行而无效。

根据《仲裁法》第 16 条第 2 款规定："仲裁协议应当具有下列内容：（一）请求仲裁的意思表示；（二）仲裁事项；（三）选定的仲裁委员会。"本案中双方当事人签订的合同中的仲裁条款并未指明具体的仲裁委员会，属于内容不明确，因此该仲裁条款无法履行，是无效的。

2. 双方重新签订的仲裁协议有效。因为该协议指明了具体的仲裁委员会。

根据《仲裁法》第 18 条规定："仲裁协议对仲裁事项或者仲裁委员会没有约定或者约定不明确的，当事人可以补充协议。"后来两个公司重新签订的仲裁协议指明了具体的仲裁委员会，因此是有效的。

3. 起诉不正确。因为双方的仲裁协议有效，就排除了法院的管辖权。

根据《仲裁法》第 5 条规定："当事人达成仲裁协议，一方向人民法院起诉的，人民法院不予受理，但仲裁协议无效的除外。"本案中，双方当事人重新签订的仲裁协议是有效的。因此起诉是不正确的。

4. 人民法院的审理合法。因为原告起诉后，被告未提出管辖权异议，视为人民法院有管辖权。

根据《仲裁法》第 26 条规定："当事人达成仲裁协议，一方向人民法院起诉未声明有仲裁协议，人民法院受理后，另一方在首次开庭前提交仲裁协议的，人民法院应当驳回起诉，但仲裁协议无效的除外；另一方在首次开庭前未对人民法院受理该案提出异议的，视为放弃仲裁协议，人民法院应当继续审理"本案中，A 公司向法院起诉时，未声明有仲裁协议，人民法院受理该案后，B 公司又应诉答辩了，因此应当视为人民法院有管辖权。

5. 上诉理由不成立。因为本案中人民法院的审理和判决都是有效的。

案例十六

【案情】

2016 年 3 月，某化肥厂到某县进行产品宣传，该县王超、赵威等 200 余户村民先后订购了该化肥。使用之后，农作物生长异常，很多村民将化肥送去检验，检验结果发现，该种化肥很多指标不符合相关标准，对农作物生长有很大危害。王超等村民联名起诉到县法院，要求该化肥厂赔偿损失。县法院受理案件后，认为该案涉及当事人人数众多，影响重大，涉及面广，故拟将该案报请中级人民法院审理。

【问题】

1. 县法院将该案报请中级人民法院审理，属于何种管辖制度？该制度有哪些特点或要求？

2. 本案中，中级人民法院接到报请，应如何处理？可否自己审理？

3. 本案属于何种共同诉讼？

4. 假如在案件审理时，需要确定代表人，应该如何确定？代表人都有什么权限？

5. 假如一审判决后，其他人都满意一审判决结果，而王超、赵威两人不服，认为判决赔偿数额太少，提起上诉，二审中当事人应该如何列明？

6. 判决生效后，没有来得及参加诉讼的村民李文武以自己没有参加诉讼为由，要求撤销该判决，法院应如何处理？李文武应如何维护自己的权益？

【参考答案】

1. 该制度为管辖权转移。管辖权转移在上下级法院之间进行，通常在直接的上下级法院间进行，是对级别管辖的变通和个别调整。具体要求包括以下几点：

（1）管辖权的向上转移。管辖权的向上转移，是指下级法院将案件的管辖权上移给上级法院。具体分为两种情况：

①上级法院认为下级法院管辖的一审案件由自己审理更为合适时，有权决定把案件调上来自己审理。这种情况下，上级法院作出决定后管辖权即发生转移。

②下级法院认为自己管辖的一审案件需要由上级法院审理时，报请上级法院审理。这种情况下，必须经过上级法院同意后管辖权才能发生转移。

（2）管辖权的向下转移。管辖权的向下转移，是指上级法院将自己管辖的一审案件交给下级法院审理。由于管辖权向下转移事实上是将原来的一审法院变成了二审法院，为了保障程序公正和维护当事人权益，民事诉讼法和民事诉讼法解释对管辖权向下转移做了限制。

①向下转移必须经过其上级法院批准。根据《民事诉讼法》第 39 条第 1 款的规定，上级法院认为确有必要将本院的第一审案件交下级法院审理的，应当报请其上级法院批准。如某中级人民法院要将本院管辖某一案件交给某基层人民法院审理，则其必须事前报请省高级人民法院批准。

②明确了具体案件类型。根据《民事诉讼法解释》第 42 条规定，下列第一审民事案件，可以在开庭前交下级人民法院审理：a. 破产程序中有关债务人的诉讼案件；b. 当事人人数众多且不方便诉讼的案件；c. 最高人民法院确定的其他类型案件。人民法院交下级人民法院审理前，应当报请其上级人民法院批准。上级人民法院批准后，人民法院应当裁定将案件交下级人民法院审理。

2. 可以接受下级法院的报请，自己审理。

根据《民事诉讼法》第 39 条规定："上级人民法院有权审理下级人民法院管辖的第一审民事案件；确有必要将本院管辖的第一审民事案件交下级人民法院审理的，应当报请其上级人民法院批准。下级人民法院对它所管辖的第一审民事案件，认为需要由上级人民法院审理的，可以报请上级人民法院审理。"本案当事人人数众多，影响重大，涉及面广，中级人民法院可以接受报请，自己审理。

3. 本案属于普通共同诉讼。

我国民事诉讼法中，共同诉讼有必要共同诉讼和普通共同诉讼两种类型。其中争议的诉讼标的是同一的共同诉讼，是必要共同诉讼；争议的诉讼标的是同种类的共同诉讼，是普通共同诉讼。本案中，200 多户农民都与化肥公司存在侵权或违约关系，诉讼标的属于同种类的。

4.（1）代表人产生首先可以共同推选；推选不出来的，法院提出人选协商；协商不成的，最终由法院指定。

（2）代表人的诉讼行为对其所代表的当事人发生效力，但代表人变更、放弃诉讼请求或者承认对方当事人的诉讼请求，进行和解，必须经被代表的当事人同意。

根据《民事诉讼法》第 57 条规定："诉讼标的是同一种类、当事人一方人数众多在起诉时人数尚未确定的，人民法院可以发出公告，说明案件情况和诉讼请求，通知权利人在一定期间向人民法院登记。

向人民法院登记的权利人可以推选代表人进行诉讼；推选不出代表人的，人民法院可以与参加登记的权利人商定代表人。

代表人的诉讼行为对其所代表的当事人发生效力，但代表人变更、放弃诉讼请求或者承认对方当事人的诉讼请求，进行和解，必须经被代表的当事人同意。

人民法院作出的判决、裁定，对参加登记的全体权利人发生效力。未参加登记的权利人在诉讼时效期间提起诉讼的，适用该判决、裁定。"

5. 王超、赵威为上诉人，化肥公司为被上诉人。其余人不需要进入到二审中。

6.（1）不予受理该第三人撤销之诉。

根据《民事诉讼法解释》第 297 条规定："对下列情形提起第三人撤销之诉的，人民法院不予受理：（一）适用特别程序、督促程序、公示催告程序、破产程序等非讼程序处理的案件；（二）婚姻无效、撤销或者解除婚姻关系等判决、裁定、调解书中涉及身份关系的内容；（三）民事诉讼法第五十四条规定的未参加登记的权利人对代表人诉讼案件的生效裁判；（四）民事诉讼法第五十五条规定的损害社会公共利益行为的受害人对公益诉讼案件的生效裁判。"根据该条第（三）项规定，对其提起的第三人撤销之诉不予受理。

（2）李文武可以在诉讼时效期间提起诉讼，法院审查后，可以直接裁定适用该判决。

根据《民事诉讼法解释》第 80 条规定："根据民事诉讼法第五十七条规定向人民法院登记的权利人，应当证明其与对方当事人的法律关系和所受到的损害。证明不了的，不予登记，权利人可以另行起诉。人民法院的裁判在登记的范围内执行。未参加登记的权利人提起诉讼，人民法院认定其请求成立的，裁定适用人民法院已作出的判决、裁定。"

案例十七

【案情】

居住在甲市 A 区的王某与居住在甲市 B 区的刘某签订了一份货物买卖合同，双方在合同订立时约定：第一，因该合同产生纠纷可由甲市A区法院或甲市B区法院管辖；第二，该合同的履行地为甲市C区。合同签订后，刘某反悔，告知已将货物卖给了支付了合理对价的陈某。王某于是依约将刘某诉至甲市A区法院，要求刘某继续履行合同并赔偿其损失四千元。A区人民法院经审查认为本案事实不清，关系不明，因此决定适用普通程序审理此案。然而双方当事人一致口头约定适用简易程序，法院遂适用简易程序进行审理。一审中，法院审理认为，刘某未按照约定履行合同，应当承担继续履行合同的违约责任，但并未就王某提出的损失请求进行处理。宣判后，人民法院径行决定对判决书中的认识事实和判决理由部分予以简化，同时，A区法院发现本案无法在3个月的审理期限内审结，于是经院长批准自行延长审理期限，并在无法联系到被告刘某的情况下，采用公告送达的方式进行送达。后，原告王某不服，依法在上诉期内向甲市中院提起上诉。中院经审理认为，一审法院的判决符合法律原则和规定，故此，判决驳回王某的上诉。王某坚持认为一审判决存在错误，欲通过再审寻求救济。关于本案，请回答下列问题。

【问题】

1. 双方对该合同纠纷的管辖约定是否有效？原因何在？

2. 在合同未履行的情况下，甲市C区法院对本案是否具有管辖权？为什么？

3. 在王某和刘某的案件审理中，人民法院能否通知陈某作为第三人参加诉讼？

4. 在法院决定适用普通程序审理的情况下，双方当事人能否口头约定适用简易程序审理？若能，该约定应当在何时提出？

5. 请评价本案中一审法院的不当做法。

6. 对于原告王某提出的赔偿损失之诉讼请求，二审法院应当如何处理？二审法院处理后，原告王某能否再次上诉，若能，二审法院又当如何处理？

【参考答案】

1. 有效。管辖协议约定两个以上与争议有实际联系的地点的人民法院管辖，原告可以向其中一个人民法院起诉。本题中约定的甲市A区法院或甲市B区法院均与案件有联系，因此协议管辖有效。

2. 甲市C区法院不具有管辖权。本案合同并未履行，约定的履行地也不在一方当事人的住所地，故甲市C区法院没有管辖权。

3. 不能。《最高人民法院关于在经济审判工作中严格执行〈中华人民共和国民事诉讼法〉的若干规定》第11条，已经履行了义务，或依法取得了一方当事人的财产，并支付了相应的对价的原、被告之间法律关系以外的人不应作为第三人参加诉讼。

4. 双方可以口头约定适用简易程序。《民事诉讼法》第160条第2款规定："基层人民法院和它派出的法庭审理前款规定以外的民事案件，当事人双方也可以约定适用简易程序。"根据《民事诉讼法解释》第264条规定，当事人双方约定适用简易程序的，应当在开庭前提出。口头提出的，记入笔录，由双方当事人签名或者捺印确认。已经按照普通程序审理的案件，在开庭后不得转为简易程序审理。

5. 第一，在没有法定情形下，人民法院不得对文书简化；第二，适用简易程序审理的案件不适用公告送达；第三，简易程序审理期限的延长，应当建立在双方当事人同意继续适用简易程序的前提下，法院院长不得自行批准延长；第四，人民法院遗漏了一审原告提出的诉讼请求。

6. 二审法院应当先调解，调解不成，发回重审。发回重审后王某可以再次上诉，但是二审法院不得再次发回，而只能自行作出相应裁判（包括改判，也包括维持）。

案例十八

【案情】

某日，家住在北京市海淀区的李某与妻子王某与家住在北京市朝阳区的张某，在北京市东城区一酒店门口，因为停车问题发生了口角，张某叫来北京市通州区的四个朋友甲乙丙丁，一起将李某打伤，李某被打伤后扔下妻子王某独自逃跑。第二天，李某感到头部不舒服，到医院检查为中度脑震荡，花去医疗费2万元，后续治疗还需要10万元，现李某准备起诉要求赔偿。

后看到北京野生动物园猛虎伤人的新闻，想到当日李某独自逃走之事，其妻王某认为李某遇到危险，不能保护自己，起诉要求离婚，要求分割二人共有房屋一套，共有存款10万，还有二人共同收藏的古董花瓶一个。海淀区法院决定适用简易程序审理该案，并通知被告李某提交答辩状，为双方指定了20天的举证时限。后在被告没有提交答辩状的情况下，法院按期对该案进行了审理，在庭审中，李某坚决不同意离婚。

经过审理，海淀区法院认为二人婚姻关系并未破裂，判决李某和王某不予离婚。王某对法院判决不予离婚不服，向北京市第一中级人民法院提出上诉，要求法院判决离婚，并分割二人共同财产。二审法院认为二人婚姻关系已经破裂，应该判决离婚，并对财产问题进行了调解，后在双方当事人同意的情况下，作出二审判决，判决二人离婚，平均分割了房屋、存款还有古董花瓶。判决生效后，李某又不同意法院的离婚判决，向法院申请再审，要求法院恢复二人的婚姻关系。

【问题】

1. 李某要起诉要求承担赔偿责任，哪（个）些法院对该案有管辖权？为什么？

2. 李某如要起诉张某等赔偿，举证责任应该如何分配？

3. 试评价本案中一审法院的做法。

4. 李（王）某对法院判决不予离婚不服是否有权上诉？二审法院能否直接判决离婚？请说明理由。

5. 如果李某欲申请再审，可以向哪些法院申请再审？法院裁定再审后，审理法院及审理程序如何确定？

6. 对于李某不同意解除婚姻关系的请求，法院可否再审？如果李某认为还有一处房产没有分割，向法院申请再审，法院能否再审？请说明理由。

7. 如果本案二审是调解结案，检察院可否抗诉？二审判决生效后，李某可否不向法院申请再审，直接向检察院申请抗诉或者检察建议？

【参考答案】

1. 本案管辖法院有朝阳区法院、东城区法院、通州区法院。

根据《民事诉讼法》第29条规定："因侵权行为提起的诉讼，由侵权行为地或者被告住所地人民法院管辖。"据此本案管辖法院有朝阳区法院、东城区法院、通州区法院。

2. 李某需要对侵权行为、损害结果、过错和因果关系承担举证责任。

依据民法理论，一般侵权行为的构成要件，或者说侵权损害赔偿案件的构成要件有四项：侵害行为、损害事实、因果关系和过错。从民事诉讼的角度来看，一般侵权行为损害赔偿案件中的案件事实，主要就是这四项。这四项都应当由原告来举证，因为这些事项都属于积极事实。其中的任何一项事实，若原告无法证明，都将承担不利的后果。

3.（1）海淀区法院决定适用简易程序审理正确。

（2）告知被告提交答辩状的，被告没有提交答辩状，法院按期开庭审理做法正确。

（3）指定了20天的举证时限不正确，简易程序的举证时限不超过15天。

（4）根据案件实际情况，如果认定两人感情真的没有破裂，不予判决离婚的做法正确。

4.（1）王某对一审法院判决不予离婚的判决有权提出上诉。

（2）二审法院不能直接判决双方离婚。因为如果直接判决离婚将会剥夺当事人的上诉权。二审法院可以根据当事人自愿的原则，对子女抚养、财产问题一并调解；调解不成的，发回重审。双方当事人同意由第二审人民法院一并审理的，第二审人民法院可以一并裁判。

根据《民事诉讼法解释》第329条："一审判决不准离婚的案件，上诉后，第二审人民法院认为应当判决离婚的，可以根据当事人自愿的原则，与子女抚养、财产问题一并调解；调解不成的，发回重审。双方当事人同意由第二审人民法院一并审理的，第二审人民法院可以一并裁判。"

5.（1）可以向原审法院或者上一级法院申请再审。

（2）①如果是向原审法院申请再审，应该由原审法院审理，按照二审程序进行。

②如果是向北京市高院申请再审，北京市高院由三种处理方式：自己审；指令北京市一中院审理；指定与一中院同级的其他法院审理。审理应按照二审程序。

6.（1）不可以。已经发生法律效力的解除婚姻关系的判决、调解书，不得申请再审。

根据《民事诉讼法》第209条："当事人对已经发生法律效力的解除婚姻关系的判决、调解书，不得申请再审。"

（2）不可以。原判决中未作处理的夫妻共同财产，应当告知当事人另行起诉。

根据《民事诉讼法解释》第382条："当事人就离婚案件中的财产分割问题申请再审，如涉及判决中已分割的财产，人民法院应当依照民事诉讼法第二百零七条的规定进行审查，符合再审条件的，应当裁定再审；如涉及判决中未作处理的夫妻共同财产，应当告知当事人另行起诉。"

7.（1）可以。抗诉的理由是调解书损害国家利益、社会公共利益。

根据《民事诉讼法》第215条第1款："最高人民检察院对各级人民法院已经发生法律效力的判决、裁定，上级人民检察院对下级人民法院已经发生法律效力的判决、裁定，发现有本法第二百条规定情形之一的，或者发现调解书损害国家利益、社会公共利益的，应当提出抗诉。"

（2）李某不可以直接向检察院申请抗诉或者检察建议。

根据《民事诉讼法》第216条："有下列情形之一的，当事人可以向人民检察院申请检察建议或者抗诉：（一）人民法院驳回再审申请的；（二）人民法院逾期未对再审申请作出裁定的；（三）再审判决、裁定有明显错误的。人民检察院对当事人的申请应当在三个月内进行审查，作出提出或者不予提出检察建议或者抗诉的决定。当事人不得再次向人民检察院申请检察建议或者抗诉。"

案例十九

【案情】

2008年8月8号，居住在安徽合肥市肥东县的老张去世，留下一个祖传古董花瓶和房屋一套，其有三个儿子张大宝，张二宝，张三宝。老张生前一直由张大宝照顾，张大宝认为父亲的遗产理应全部由其继承，二宝听闻后，向大哥主张要求分割遗产，协商未果，于是二人协议选择了肥西县法院审理此案。后来肥西县法院对这个案件进行了审理。一审判决张大宝因为对老人尽了主要赡养义务，分得遗产的2/3，张二宝分得1/3，判决作出后，张二宝不服，向合肥市中院提出上诉。二审中，老张的侄女张小花拿着伯父生前的遗嘱找到法院，主张自己依据遗嘱享有对古董花瓶的继承权。二审法院在调解未果的情况下，对本案直接进行了裁判，判决张大宝分得花瓶，张二宝分得房屋。

2009年2月，王某因民间借贷之事与张二宝发生纠纷，在肥西县法院提起民事诉讼后，法院判决张二宝偿还王某欠款本息共计人民币100万元。该判决生效后，王某向肥西县法院申请强制执行张二宝的房产。2011年5月，赵某向肥西县法院提出执行异议，主张其实际占有使用以及购买上述房屋，要求停止对房屋的强制执行。肥西县法院裁定驳回了赵某的执行异议申请。赵某不服，收到裁定后立即向法院起诉，主张自己对房屋享有所有权，法院应当停止执行。张二宝主张该房屋并没有出卖给赵某。

【问题】

1. 本案肥西县法院是否具有管辖权？如果被告未提出管辖权异议，并且向法院应诉答辩，肥西县法院能否具有管辖权？

2. 张三宝在本案中应是什么样的诉讼地位？如果张三宝没有申请参加诉讼，法院应如何处理？

3. 张小花在本案中应是什么样的诉讼地位？

4. 张小花能否在二审中申请参加诉讼？二审法院应该如何处理？

5. 判决生效后，张小花可以采用何种方式救济自己的权利？

6. 张三宝申请再审应向哪个（些）法院申请再审？为什么？

7. 假如张三宝申请再审后，法院启动再审程序，应当按照何种程序审理？审理中对于张三宝的诉讼请求应如何处理？

8. 如果王某向肥西县法院申请执行张二宝某名下的房屋，法院收到申请执行之日起6个月未执行的，王某该如何救济权利？法院该如何处理？

9. 赵某的执行异议被法院裁定驳回，赵某应如何救济？当事人该如何列明？证明责任应该由谁来承担？

10. 执行法院裁定执行后，假使王某未提起执行异议之诉，张二宝能否提起执行异议之诉？

【参考答案】

1. 肥西县法院无权管辖。违反专属管辖的情况下，不能应诉管辖。

根据《民事诉讼法》第34条："下列案件，由本条规定的人民法院专属管辖：（一）因不动产纠纷提起的诉讼，由不动产所在地人民法院管辖；（二）因港口作业中发生纠纷提起的诉讼，由港口所在地人民法院管辖；（三）因继承遗产纠纷提起的诉讼，由被继承人死亡时住所地或者主要遗产所在地人民法院管辖。"

根据《民事诉讼法》第35条："合同或者其他财产权益纠纷的当事人可以书面协议选择被告住所地、合同履行地、合同签订地、原告住所地、标的物所在地等与争议有实际联系的地点的人民法院管辖，但不得违反本法对级别管辖和专属管辖的规定。"

根据《民事诉讼法》第130条："人民法院受理案件后，当事人对管辖权有异议的，应当在提交答辩状期间提出。人民法院对当事人提出的异议，应当审查。异议成立的，裁定将案件移送有管辖权的人民法院；异议不成立的，裁定驳回。当事人未提出管辖异议，并应诉答辩的，视为受诉人民法院有管辖权，但违反级别管辖和专属管辖规定的除外。"

2. 张三宝是必要共同诉讼的原告。如果张三宝没有申请参加，法院应当追加其为当事人。

根据《民事诉讼法解释》第 73 条："必须共同进行诉讼的当事人没有参加诉讼的，人民法院应当依照民事诉讼法第一百三十五条的规定，通知其参加；当事人也可以向人民法院申请追加。人民法院对当事人提出的申请，应当进行审查，申请理由不成立的，裁定驳回；申请理由成立的，书面通知被追加的当事人参加诉讼。"

根据《民事诉讼法解释》第 74 条："人民法院追加共同诉讼的当事人时，应当通知其他当事人。应当追加的原告，已明确表示放弃实体权利的，可不予追加；既不愿意参加诉讼，又不放弃实体权利的，仍应追加为共同原告，其不参加诉讼，不影响人民法院对案件的审理和依法作出判决。"

3. 张小花在本案中的诉讼地位是有独立请求权第三人。根据《民事诉讼法》第 59 条第 1 款规定："对当事人双方的诉讼标的，第三人认为有独立请求权的，有权提起诉讼。"

4. 张小花可以在二审中申请参加诉讼。二审法院可以准许。

根据《民事诉讼法解释》第 81 条规定："根据民事诉讼法第五十六条的规定，有独立请求权的第三人有权向人民法院提出诉讼请求和事实、理由，成为当事人；无独立请求权的第三人，可以申请或者由人民法院通知参加诉讼。第一审程序中未参加诉讼的第三人，申请参加第二审程序的，人民法院可以准许。"

5. 张小花可以提起第三人撤销之诉、执行异议或申请再审。

根据《民事诉讼法》第 59 条第 3 款规定："前两款规定的第三人，因不能归责于本人的事由未参加诉讼，但有证据证明发生法律效力的判决、裁定、调解书的部分或者全部内容错误，损害其民事权益的，可以自知道或者应当知道其民事权益受到损害之日起六个月内，向作出该判决、裁定、调解书的人民法院提起诉讼。人民法院经审理，诉讼请求成立的，应当改变或者撤销原判决、裁定、调解书；诉讼请求不成立的，驳回诉讼请求。"

根据《民事诉讼法》第 234 条规定："执行过程中，案外人对执行标的提出书面异议的，人民法院应当自收到书面异议之日起十五日内审查，理由成立的，裁定中止对该标的的执行；理由不成立的，裁定驳回。案外人、当事人对裁定不服，认为原判决、裁定错误的，依照审判监督程序办理；与原判决、裁定无关的，可以自裁定送达之日起十五日内向人民法院提起诉讼。"

6. 因为当事人双方为公民，故张三宝可以向上一级人民法院申请再审也可以向原审人民法院申请再审。

根据《民事诉讼法》第 206 条规定："当事人对已经发生法律效力的判决、裁定，认为有错误的，可以向上一级人民法院申请再审；当事人一方人数众多或者当事人双方为公民的案件，也可以向原审人民法院申请再审。当事人申请再审的，不停止判决、裁定的执行。"

7. 应该适用二审程序审理。对于张三宝的诉讼请求可以进行调解，调解不成的，撤销原判，发回重审。

根据《民事诉讼法》第 214 条规定："人民法院按照审判监督程序再审的案件，发生法律效力的判决、裁定是由第一审法院作出的，按照第一审程序审理，所作的判决、裁定，当事人可以上诉；发生法律效力的判决、裁定是由第二审法院作出的，按照第二审程序审理，所作的判决、裁定，是发生法律效力的判决、裁定；上级人民法院按照审判监督程序提审的，按照第二审程序审理，所作的判决、裁定是发生法律效力的判决、裁定。人民法院审理再审案件，应当另行组成合议庭。"

根据《民事诉讼法解释》第 422 条规定:"必须共同进行诉讼的当事人因不能归责于本人或者其诉讼代理人的事由未参加诉讼的,可以根据民事诉讼法第二百零七条第八项规定,自知道或者应当知道之日起六个月内申请再审,但符合本解释第四百二十一条规定情形的除外。人民法院因前款规定的当事人申请而裁定再审,按照第一审程序再审的,应当追加其为当事人,作出新的判决、裁定;按照第二审程序再审,经调解不能达成协议的,应当撤销原判决、裁定,发回重审,重审时应追加其为当事人。"

8. 王某可以向上一级人民法院申请执行。上一级人民法院经审查,可以责令原人民法院在一定期限内执行,也可以决定由本院执行或者指令其他人民法院执行。

根据《民事诉讼法》第 233 条规定:"人民法院自收到申请执行书之日起超过六个月未执行的,申请执行人可以向上一级人民法院申请执行。上一级人民法院经审查,可以责令原人民法院在一定期限内执行,也可以决定由本院执行或者指令其他人民法院执行。"

9.(1)本案执行标的物与原判决、裁定无关,赵某应当自裁定送达之日起十五日内向人民法院提起诉讼。根据《民事诉讼法》第 234 条规定:"执行过程中,案外人对执行标的提出书面异议的,人民法院应当自收到书面异议之日起十五日内审查,理由成立的,裁定中止对该标的的执行;理由不成立的,裁定驳回。案外人、当事人对裁定不服,认为原判决、裁定错误的,依照审判监督程序办理;与原判决、裁定无关的,可以自裁定送达之日起十五日内向人民法院提起诉讼。"

(2)赵某是原告,王某和张二宝是共同被告。根据《民事诉讼法解释》第 307 条规定:"案外人提起执行异议之诉的,以申请执行人为被告。被执行人反对案外人异议的,被执行人为共同被告;被执行人不反对案外人异议的,可以列被执行人为第三人。"

(3)赵某应当就其对执行标的享有足以排除强制执行的民事权益承担举证证明责任。根据《民事诉讼法解释》第 311 条规定:"案外人或者申请执行人提起执行异议之诉的,案外人应当就其对执行标的享有足以排除强制执行的民事权益承担举证证明责任。"

10. 张二宝不能提起执行异议之诉。法院告知其另行起诉。根据《民事诉讼法解释》第 309 条规定:"申请执行人对中止执行裁定未提起执行异议之诉,被执行人提起执行异议之诉的,人民法院告知其另行起诉。"

案例二十

【案情】

投资 2234 中国第一号基金公司(Investments 2234 China Fund Ⅰ B. V. ,以下简称 2234 公司)与厦门海洋实业(集团)股份有限公司(以下简称海洋股份公司)、厦门海洋实业总公司(以下简称海洋实业公司)借款合同纠纷一案,2012 年 1 月 11 日由最高人民法院作出终审判决,判令:海洋股份公司、海洋实业公司应于判决生效之日起偿还 2234 公司借款本金 2274 万元及相应利息。

该判决发生法律效力后,再审申请人海洋股份公司、海洋实业公司申请再审。

在终审判决作出后,2234 号公司将其对于海洋股份公司和海洋实业公司的 2274 万元本金债权转让给李晓玲、李鹏裕,并签订《债权转让协议》。2012 年 4 月 19 日,李晓玲、李鹏裕依据上述判决和《债权转让协议》向福建省高级人民法院(以下简称福建高院)申请执行。4

月24日，福建高院向海洋股份公司、海洋实业公司发出（2012）闽执行字第8号执行通知。海洋股份公司不服该执行通知，以执行通知中直接变更执行主体缺乏法律依据，向福建高院提出异议。

李晓玲、李鹏裕申请对海洋股份公司办公大楼进行执行时，吉盛公司提出异议，要求停止执行。吉盛公司主张与海洋股份公司签订《借款合同》一份、《抵押合同》三份，海洋股份公司向吉盛公司借款5200万元，以该办公室大楼及26台机器设备作抵押，上述抵押物均办理了抵押登记手续。

而作为另一个被执行人的海洋实业公司，未经清算即办理注销登记，李晓玲、李鹏裕申请追加该股份有限公司的董事和控股股东为被执行人。

【问题】

1. 假如法院接受了再审申请，在再审程序中，海洋股份公司提出管辖权异议，法院应该如何处理？简要说明理由。

2. 李晓玲、李鹏裕如认为生效判决有错误，可否申请再审？为什么？

3. 对海洋股份公司的申请，执行法院应该如何处理？简要说明理由。

4. 吉盛公司的异议被驳回后，其可以采取何种方式救济自己权利？具体程序如何进行？

5. 对于李晓玲、李鹏裕追加海洋实业公司董事、控股股东为被执行人的申请，是否符合法律规定？如果该申请被驳回，李晓玲、李鹏裕可以采取什么途径救济？请说明理由。

【参考答案】

1. 应当裁定驳回其管辖权异议申请，不予审查。

根据《民事诉讼法解释》第39条第2款规定："人民法院发回重审或者按第一审程序再审的案件，当事人提出管辖异议的，人民法院不予审查。"

2. 不可以申请再审。

根据《民事诉讼法解释》第375条第2款规定："判决、调解书生效后，当事人将判决、调解书确认的债权转让，债权受让人对该判决、调解书不服申请再审的，人民法院不予受理。"

3. 应当驳回其异议。

根据《关于民事执行中变更、追加当事人若干问题的规定》第9条规定："申请执行人将生效法律文书确定的债权依法转让给第三人，且书面认可第三人取得该债权，该第三人申请变更、追加其为申请执行人的，人民法院应予支持。"

4. （1）可以提出执行异议之诉。

根据《民事诉讼法》第234条规定："执行过程中，案外人对执行标的提出书面异议的，人民法院应当自收到书面异议之日起十五日内审查，理由成立的，裁定中止对该标的的执行；理由不成立的，裁定驳回。案外人、当事人对裁定不服，认为原判决、裁定错误的，依照审判监督程序办理；与原判决、裁定无关的，可以自裁定送达之日起十五日内向人民法院提起诉讼。"本案中，执行标的物办公大楼与原生效裁判无关，故其可以提起执行异议之诉。

（2）具体程序：

① 起诉的时间应当在收到执行法院对执行标的的异议作出驳回裁定后15日内；

② 管辖法院为执行法院，即福建高院；

③ 吉盛公司作为原告，李晓玲、李鹏裕为被告，如果海洋股份公司反对吉盛公司的主张，海洋股份公司也作为共同被告；

④ 吉盛公司具有抵押权的举证证明责任由吉盛公司承担。

5. （1）符合法律规定；

根据《关于民事执行中变更、追加当事人若干问题的规定》第 21 条规定："作为被执行人的公司，未经清算即办理注销登记，导致公司无法进行清算，申请执行人申请变更、追加有限责任公司的股东、股份有限公司的董事和控股股东为被执行人，对公司债务承担连带清偿责任的，人民法院应予支持。"

（2）其可以去提起执行异议之诉维护自己的权利。

根据《关于民事执行中变更、追加当事人若干问题的规定》第 32 条规定："被申请人或申请人对执行法院依据本规定第十四条第二款、第十七条至第二十一条规定作出的变更、追加裁定或驳回申请裁定不服的，可以自裁定书送达之日起十五日内，向执行法院提起执行异议之诉。"

被申请人提起执行异议之诉的，以申请人为被告。申请人提起执行异议之诉的，以被申请人为被告。

案例二十一

【案情】

2014 年 9 月，住所地位于丹阳市开发区的江苏优力光学眼镜公司（以下简称优力公司）将其产生的树脂眼镜镜片修边工段的粉末约 5.5 吨倾倒于丹阳市开发区小杜巷村一拆迁空地上，造成了较为严重的环境污染。2014 年 10 月，丹阳市环境保护局根据村民反映进行调查，认定优力公司的倾倒行为违反了国家相关规定，在组织相关建设工程公司进行清理的同时，对优力公司作出罚款 6 万元的行政处罚决定。

2014 年 12 月，丹阳市生态环境公益保护协会依法向丹阳市中级人民法院提起民事公益诉讼，请求判令优力公司采取措施消除环境污染，并承担固体废物暂存、前期清理等相关费用共计 234400 元。丹阳市中级人民法院开庭审理此案，庭审中原告主张被告的倾倒行为严重违反了《中华人民共和国固体废物污染环境防治法》第 17 条的相关规定，应当承担相应的民事赔偿责任。而被告优力公司则辩称本公司倾倒的粉末并非危险物质，倾倒行为与环境污染之间并不存在因果关系，原告诉请法院判令其承担相关费用的要求缺乏合理性。同时，在本案审理期间，原告申请吴以中、高兴保、林凯这三名专家出庭，就废物属性的鉴定意见发表意见。最终，经法院调解，双方于 2015 年 9 月 24 日自愿就该民事纠纷达成调解协议，被告优力公司自愿将该废物交由有资质的废物处理公司处置，并承担包括诉讼费在内的相关处置费用 18 万元。后，丹阳市中院据此作出调解书，依法送达给诉讼双方。关于本案，请回答下列问题。

【问题】

1. 丹阳市中院受理该案后，能否将该案交由丹阳市开发区所在地的基层法院审理？

2. 丹阳市法院受理该案后，能否适用简易程序进行审理？

3. 对于优力公司辩称的倾倒行为与环境污染之间并不存在因果关系这一事实，应当由谁进行举证，应当证明到何种程度？

4. 人民法院对于该案能否进行调解？若能，其特殊的程序要求何在？

5. 假使在本案的庭审之中，原告丹阳市生态环境公益保护协会于法庭辩论终结后申请撤诉，被告优力公司也同意的，丹阳市中院能否准许？被告能否在本案中提出反诉？

6. 假使在诉讼中，原告丹阳市生态环境公益保护协会与被告优力公司和解，其能否以达成和解协议为由申请撤诉？

7. 若原告未申请吴以中、高兴保、林凯这三名专家出庭，法院在必要时能否依职权要求专家出庭？三名专家在本案中的诉讼地位如何？其所作出的意见属于何种证据？该项费用应当由谁承担？

8. 该案调解书经诉讼双方签收后生效，受到环境污染的小杜巷村村民能否在6个月内提出第三人撤销之诉？若不能，其能够以何种方式进行救济？

9. 在本案之中，检察院可否履行相应的法定职责？

【参考答案】

1. 丹阳市中院受理该案后，可以在报请江苏省高级法院批准后，将该案交由丹阳市开发区所在地的基层法院审理。

2. 不能。因为公益诉讼案件涉及到社会公共利益，因此应当适用第一审的普通程序（合议庭——3法官+4人民陪审员）审理，而不能适用简易程序审理。

3. 本案属于环境污染案件，因果关系应当倒置，因此应当由被告就其倾倒行为与环境污染之间并不存在因果关系这一事实举证；同时，对于该事实的证明应当达到《民事诉讼法解释》第108条第1款规定的"高度可能性"的一般证明标准。

4. 公益诉讼案件能够进行调解。其特殊的程序要就在于调解协议达成后，人民法院应当将其进行公告，公告期不少于30天。

5. 法院不应准许其撤诉申请。因司法解释明确规定，公益诉讼案件的原告在法庭辩论终结后申请撤诉的，人民法院不予准许。同时，被告不能提出反诉，因《环境民事公益诉讼案件解释》第17条规定："环境民事公益诉讼案件审理过程中，被告以反诉方式提出诉讼请求的，人民法院不予受理。"

6. 不能。《环境民事公益诉讼案件解释》第25条第1、2款规定："环境民事公益诉讼当事人达成调解协议或者自行达成和解协议后，人民法院应当将协议内容公告，公告期间不少于三十日。公告期满后，人民法院审查认为调解协议或者和解协议的内容不损害社会公共利益的，应当出具调解书。当事人以达成和解协议为由申请撤诉的，不予准许。"

7. 不能。专家辅助人的出庭只能依当事人的申请而启动，人民法院不得依职权通知。专家辅助人的意见视为当事人的陈述。其费用应当由申请一方，即原告丹阳市生态环境公益保护协会承担。

8. 不能提起第三人撤销之诉。因为《民事诉讼法解释》第295条明确规定，对公益诉讼案件的生效裁判提起第三人撤销之诉的，人民法院不予受理。受害的村民可以根据民事诉讼法第122条规定提起私益诉讼。

9. 本案中人民检察院可以支持起诉。《民事诉讼法》第58条第2款规定："人民检察院在履行职责中发现破坏生态环境和资源保护、食品药品安全领域侵害众多消费者合法权益的行为，在没有前款规定的机关和组织或者前款规定的机关和组织不提起诉讼的情况下，可以向人民法院提起诉讼。前款规定的机关或者组织提起诉讼的，人民检察院可以支持起诉。"

案例二十二

【案情】

田某系计算机专业本科毕业，就业于某网络公司，从事网络维护工作。2016年3月21日，田某下班后，在租赁房屋内休息时，某建筑公司在施工过程中，张某驾驶挖掘机操作不慎，将田某租赁房屋一面山墙撞倒，田某被砸成重伤，经鉴定，构成七级伤残。事后因为田某与建筑公司及车辆投保的保险公司就赔偿问题未能协商一致，田某诉至法院，要求赔偿各项损失。

田某在起诉时向法院提交了以下证据：（1）田某本人对整个事件经过的文字记录；（2）田某自行拍摄的现场物品受损的照片；（3）事故发生2个月前，田某为装修房屋与某装修公司所签订的装修合同书，及付款凭证，以及装修公司具体负责人廖某对装修一事的证言；（4）联想牌笔记本电脑（已损坏）实物以及小米电视（已损坏）实物；（5）田某住院的医疗费用清单（复印件）；（6）邻居赵大伯听了田某讲述后所作的证言；（7）田某女朋友对现场发生情况的描述。

被告某建筑公司在递交答辩状时也向法院提交了相关的证据材料，包括被告现场拍摄的联想牌笔记本电脑和小米电视周围无倒塌坠落物的照片（用以证明该物品的损坏非倒塌原因造成）、被告于事发当日修复该房屋山墙的照片、某网民在微信朋友圈发的称赞及时修复的说说。

事故发生后，田某所在公司认为其无继续工作的能力，与之解除了劳动关系。田某与公司就解除劳动合同一事，未能达成一致。

【问题】

1. 田某就被砸成重伤一事，起诉到法院，当事人应如何确定？

2. 原被告双方所提供的证据分别属于证据的哪些法定种类？

3. 从证据理论分类分析，原被告双方所提供的证据分别属于哪些类别？

4. 田某与其工作的公司的劳动纠纷争议应如何解决？假如起诉至法院，对于解除劳动合同的事实的举证责任应该如何承担？

【参考答案】

1. 本案原告为田某，本案的被告为某建筑公司与保险公司。

按照《民事诉讼法解释》第57条规定："提供劳务一方因劳务造成他人损害，受害人提起诉讼的，以接受劳务一方为被告。"因此司机张某不是本案的被告。

2. 本案中，原告提供的装修合同书、付款凭证、医疗费用清单（复印件）属于书证；原被告自行拍摄的现场照片和笔记本电脑、小米电视实物属于物证；廖某对装修一事的证言、赵大伯的证言、田某女朋友的描述属于证人证言；某网民发的微信朋友圈说说属于电子数据；田某本人对整个事情的文字记录属于当事人陈述。

根据《民事诉讼法》第66条规定，法定证据种类包括当事人陈述、书证、物证、视听资料、电子数据、证人证言、鉴定意见、勘验笔录八种。本案中分析证据种类时注意以下几点：

（1）当事人自拍的现场照片如何认定？本案中，当事人自拍的现场照片是对难以移动或易于消失的物品、痕迹所拍摄的，实质上都是对物证的固定与保全，同样应视为物证。大家要注意对照片这种证据材料的证据种类要做具体分析，如果照片贮存在电子介质中的，应视为电子数据，否则应该以其固定和保全的证据本身来认定其种类，如勘验人在勘验过程中拍摄的照片，则属于勘验笔录。

（2）某网民发的微信朋友圈说说如何认定？该证据材料属于电子数据，因为其是储存于电子介质之中的。不要因为其是因内容来证明案件事实的，而把其认为是书证。

3. 本案所涉证据中，从理论分类分析，各属于下列种类：

（1）直接证据与间接证据。

属于直接证据的有：原告田某对整个事情的文字记录；赵大伯的证言；田某女朋友的描述；笔记本电脑及小米电视实物；某网民发的微信朋友圈说说。

属于间接证据的有：当事人双方拍摄的实物照片；装修合同书原件及付款凭证；医疗费用

清单的复印件。

（2）原始证据与传来证据。

属于原始证据的有：原告田某对整个事情的文字记录；装修合同书原件及付款凭证；笔记本电脑及小米电视实物；田某女朋友的描述。

属于传来证据的有：当事人双方拍摄的实物照片；医疗费用清单的复印件；赵大伯的证言；某网民发的微信朋友圈说说。

（3）本证与反证。

属于本证的有：原告提出的所有证据，均属于本证；被告提供的某网民的朋友圈说说用以证明自己及时采取补救措施，也应当属于本证。

属于反证的有：被告提交现场拍摄的联想牌笔记本电脑和小米电视周围无倒塌坠落物的照片，该证据证明原告的电器损坏不是被告造成的。

4.（1）双方可以通过自行协商解决（和解）；也可以申请调解解决；申请劳动仲裁；提起诉讼等方式解决，但是提起诉讼的，双方应该先向劳动争议仲裁委员会申请仲裁，对仲裁结果不满意的，可再向法院提起诉讼解决。

根据《劳动争议调解仲裁法》第4条规定："发生劳动争议，劳动者可以与用人单位协商，也可以请工会或者第三方共同与用人单位协商，达成和解协议。"又根据该法第5条规定："发生劳动争议，当事人不愿协商、协商不成或者达成和解协议后不履行的，可以向调解组织申请调解；不愿调解、调解不成或者达成调解协议后不履行的，可以向劳动争议仲裁委员会申请仲裁；对仲裁裁决不服的，除本法另有规定的外，可以向人民法院提起诉讼。"

（2）应该由用人单位承担举证证明责任。

根据《劳动争议调解仲裁法》第6条规定："发生劳动争议，当事人对自己提出的主张，有责任提供证据。与争议事项有关的证据属于用人单位掌握管理的，用人单位应当提供；用人单位不提供的，应当承担不利后果。"又根据02年版《民事诉讼证据规定》第6条规定："在劳动争议纠纷案件中，因用人单位作出开除、除名、辞退、解除劳动合同、减少劳动报酬、计算劳动者工作年限等决定而发生劳动争议的，由用人单位负举证责任。"本案系解除劳动合同纠纷，故应当由作出解除劳动合同决定的用人单位承担举证责任。

<h1 style="text-align:center">案例二十三</h1>

【案情】

吴某系四川省眉山市东坡区收旧站业主，从事废品收购业务。约自2014年开始，吴某出售废书给四川省眉山西城纸业有限公司（简称西城纸业公司，在眉山西城区）。2018年4月14日双方通过结算，西城纸业公司向吴某出具欠条载明：今欠到吴某废书款壹佰玖拾柒万元整（￥1970000.00）。因经多次催收上述货款无果，吴某向法院起诉，请求法院判令西城纸业公司支付货款197万元及利息。被告西城纸业公司对欠吴某货款197万元没有异议。

一审法院经审理后判决：被告西城纸业公司在判决生效之日起十日内给付原告吴某货款197万元。宣判后，西城纸业公司向眉山市中级人民法院提起上诉。二审审理期间，西城纸业公司与吴某签订了一份还款协议，商定西城纸业公司的还款计划，吴某则放弃了支付利息的请求。西城纸业公司以自愿与对方达成和解协议为由申请撤回上诉。眉山市中级人民法院裁定准予撤诉后，因西城纸业公司未完全履行和解协议，吴某申请执行一审判决。

【问题】

1. 本案管辖法院可能有哪些？简要说明理由。

2. 一审法院判决有无问题？简要说明理由。

3. 二审法院做法是否正确？简要说明理由。

4. 吴某应当向哪个（些）法院申请执行？执行法院应如何处理？简要说明理由。

【参考答案】

1. 本案管辖法院有眉山市西城区法院与眉山市东坡区法院。

根据《民事诉讼法》第 24 条规定，合同纠纷案件，由被告住所地和合同履行地法院管辖。本案被告住所地为眉山市西城区；因为本案的标的物是货币，所以接受货币的一方所在地为合同履行地，即眉山市东坡区。

2. 有问题，一审法院遗漏了利息的诉讼请求。

3. 正确。

根据《民事诉讼法解释》第 339 条规定："当事人在第二审程序中达成和解协议的，人民法院可以根据当事人的请求，对双方达成的和解协议进行审查并制作调解书送达当事人；因和解而申请撤诉，经审查符合撤诉条件的，人民法院应予准许。"

4. （1）吴某应当向一审法院以及一审法院同级的财产所在地法院申请执行。

根据《民事诉讼法》第 231 条第 1 款规定："发生法律效力的民事判决、裁定，以及刑事判决、裁定中的财产部分，由第一审人民法院或者与第一审人民法院同级的被执行的财产所在地人民法院执行。"

（2）执行法院应当执行一审判决。

案例二十四

【案情】

孙某某与林某某于 2007 年 7 月 18 日登记结婚，居住于两人户口所在地的 A 省 B 市 C 区某村。林某某的娘家人依照当地风俗，赠予林某某人民币 50,000 元，林某某将这笔钱款存在了自己的账户名下，存折由夫妻两人共同进行保管，但只有林某某才知道存折密码。婚后两人关系不好，一直未育有子女，时有争吵，邻居多次劝阻仍未获成效。2010 年 7 月，周围邻居多日未见林某某，向孙某某询问，得知林某某在未当面告知孙某某的情况下，留下纸条表示要自行外出打工，再无消息。

自林某某离开后，孙某某于 2011 年结识了同村沈某，交往一年之后开始同居。因开销增加，孙某某想起林某某未带走的存折，去银行咨询得知存折未被挂失，但因其不知密码，取钱未果。2013 年 2 月 25 日，在沈某的一再催促下，孙某某与其前往当地民政局结婚登记，民政局工作人员指出孙某某与林某某的婚姻关系尚未解除，不能与沈某进行登记。后孙某某于 2014 年 9 月 9 日，请求所在村民委员会出具证明一份，内容为："孙某某系我村村民，于 2007 年 7 月 18 日与林某某结婚，婚后在我村居住。邻居都知道，孙某某妻子林某某于 2010 年 7 月离开家，外出打工，从此无联系。"

2014 年 9 月 10 日，孙某某向 A 省 B 市 C 区人民法院申请宣告林某某死亡，同时提交了上述证明。林某某的父亲林某在得知此事后，明确表示反对，并且认为孙某某应当先申请宣告林某某失踪。2014 年 10 月 8 日，A 省 B 市 C 区人民法院作出判决，因为申请人的申请不符合法律规定，提供的证据不足以证明被申请人林某某下落不明，故对其申请予以驳回。

2014年10月13日，孙某某又向当地辖区派出所报案，寻找失踪的林某某。镇派出所出具证明，载明：该人于2010年7月离家外出，后一直未回家，下落不明。2010年9月8日我所将该人立为失踪人员。后一直多方查找，未找到该人。

孙某某于2015年10月14日再次向法院提出申请。法院受理后在《人民法院报》发出寻找林某某的公告。公告期1年届满，林某某仍未出现，法院也并未收到其他有关线索。最终法院于2016年11月1日判决宣告林某某死亡，并当庭向孙某某宣判。然而，林某某在当日于他地申请办理了原有账户的销户手续，并且有录像录音和相关证件为证。

【问题】

1. 孙某某2014年9月10日第一次向法院申请宣告林某某死亡时，林某某的父亲林某表示反对。根据当时有效和现行有效的法律及司法解释，上述态度分别具有何种法律意义？请说明理由。

2. 林某在反对的同时提出的、孙某某应当先申请宣告林某某失踪的理由，有无道理？请说明理由。

3. 结合孙某某提出的两次申请及法院裁判，谈谈孙某某申请宣告死亡应当满足什么条件。

4. 考虑到孙某某实际上是想与沈某登记结婚的目的，他能否直接向法院起诉请求解除与林某某的婚姻关系？请说明理由。

5. 考虑到林某某于2016年11月1日重新出现，法院应当如何处理？请说明理由。

【参考答案】

1. 《民法典》第47条规定，对同一自然人，有的利害关系人申请宣告死亡，有的利害关系人申请宣告失踪，符合本法规定的宣告死亡条件的，人民法院应当宣告死亡。由此可见，《民法典》之现行规定已然改变了申请宣告死亡顺位的规定，并未区分利害关系人的先后顺位。根据现行有效的法律，由于只要有任一利害关系人申请宣告死亡即可，那么孙某某的申请就满足了条件。此时林某是否反对，不影响法院对于宣告死亡案件的审理。

2. 宣告失踪不是宣告死亡的必经程序。公民下落不明，符合申请宣告死亡的条件，利害关系人也可以不申请宣告失踪而直接申请宣告死亡。宣告失踪和宣告死亡制度涉及两类不同的案件，虽然其在起算点、期间、申请主体和司法程序上有很多可以比较的内容，但是在公民下落不明时间、公告期限和法律后果等方面显著不同。因此，林某提出的理由并没有法律依据，也不符合相关非讼程序的基本原理。

3. 根据《民法典》第46条的规定，申请宣告死亡的利害关系人需要证明被申请人下落不明一段时间。即下落不明满4年，或者因意外事件下落不明满2年。例外在于，当被申请人因意外事件下落不明时，若经有关机关证明该自然人不可能生存，则不必满足前述时间限制。据此，申请人应当就下落不明的情况提供充分证据，根据《民事诉讼法》第191条第2款的规定，申请书应当写明下落不明的事实、时间和请求，并附有公安机关或者其他有关机关关于该公民下落不明的书面证明。《民事诉讼法解释》第345条规定，宣告失踪的判决也可以作为上述公民下落不明的书面证明。人民法院判决宣告公民失踪后，利害关系人向人民法院申请宣告失踪人死亡，自失踪之日起满4年的，人民法院应当受理，宣告失踪的判决即是该公民失踪的证明，审理中仍应依照《民事诉讼法》第192条规定进行公告。在本案中，村委会出具的证明被法院认为不足以证明被申请人林某某下落不明，而镇派出所提供的证明则符合上述要求。

4. 根据《民事诉讼法解释》第219条的规定："夫妻一方下落不明，另一方诉至人民法院，只要求离婚，不申请宣告下落不明人失踪或者死亡的案件，人民法院应当受理，对下落不明人公告送达诉讼文书。"因此在本案中，孙某某也可以提起离婚诉讼。

5. 根据《民事诉讼法》第 193 条的规定："被宣告失踪、宣告死亡的公民重新出现，经本人或者利害关系人申请，人民法院应当作出新判决，撤销原判决。"在本案中，虽然林某某在法律上被视为已经于 2016 年 11 月 1 日死亡，但是在其重新出现后，林某某或者其他利害关系人（比如其父林某）均可以申请撤销法院生效判决。此时，人民法院应当作出新判决，撤销原判决。

案例二十五

【案情】

位于某市甲区的恋家公司与家住乙区的张某签订房屋租赁合同，张某将位于丙区的房屋一楼二楼租给恋家公司作为开办家庭旅馆使用。合同中除约定了有关租赁事项外，还约定："恋家公司在租赁过程中如决定购买该房，按每平方米 20000 元的价格购买，具体事项另行协商。"恋家公司后来经营良好，遂决定将租赁的房屋买下。但因房价上涨，张某不同意出卖。后张某以每平方米 50000 元的价格与开发商战某签订了房屋买卖合同，合同中约定了仲裁条款。后恋家公司向法院提出诉讼，要求认定租赁合同中的买卖条款有效并判决张某履行协助办理房屋过户手续的义务。

为了防止张某与战某交易，恋家公司申请对该房屋采取了保全措施。

【问题】

1. 恋家公司应该向哪个（些）法院起诉？

2. 如果本案最终判决恋家公司胜诉，战某能否申请再审？为什么？

3. 如果一审判决生效后，张某申请再审，后来法院裁定再审，那么再审的审理应该适用何种程序？

4. 如果战某与张某就买卖合同纠纷申请仲裁，仲裁庭作出了仲裁裁决，房屋应该归战某所有。而恋家公司依照法院判决，申请执行，战某以生效仲裁裁决为由，提出执行行为异议，执行法院应如何处理？

5. 在上一问情况下，如果执行法院采取了执行措施，战某可以采取何种救济措施？

【参考答案】

1. 应该向丙区法院起诉。

依据《民事诉讼法解释》第 28 条规定："民事诉讼法第三十四条第一项规定的不动产纠纷是指因不动产的权利确认、分割、相邻关系等引起的物权纠纷。农村土地承包经营合同纠纷、房屋租赁合同纠纷、建设工程施工合同纠纷、政策性房屋买卖合同纠纷，按照不动产纠纷确定管辖。不动产已登记的，以不动产登记簿记载的所在地为不动产所在地；不动产未登记的，以不动产实际所在地为不动产所在地。"本案属于房屋租赁合同纠纷，按照上述规定，应该由不动产所在地即丙区法院管辖。

2. 本案中，恋家公司和张某之间的合同真实有效，且与战某无关，故战某不能就该判决申请再审。如果战某要求张某赔偿损失，可另诉解决。

3. 应该适用二审程序。

根据《民事诉讼法》第 206 条规定："当事人对已经发生法律效力的判决、裁定，认为有错误的，可以向上一级人民法院申请再审；当事人一方人数众多或者当事人双方为公民的案件，也可以向原审人民法院申请再审。当事人申请再审的，不停止判决、裁定的执行。"因为本案一方当事人为法人，申请应该是向原审法院的上一级法院申请再审，故应该是向市中院申请再审。

根据《民事诉讼法》第211条第2款规定："因当事人申请裁定再审的案件由中级人民法院以上的人民法院审理，但当事人依照本法第一百九十九条的规定选择向基层人民法院申请再审的除外。最高人民法院、高级人民法院裁定再审的案件，由本院再审或者交其他人民法院再审，也可以交原审人民法院再审。"故此时应该由中院审理。

根据《民事诉讼法》第214条规定："人民法院按照审判监督程序再审的案件，发生法律效力的判决、裁定是由第一审法院作出的，按照第一审程序审理，所作的判决、裁定，当事人可以上诉；发生法律效力的判决、裁定是由第二审法院作出的，按照第二审程序审理，所作的判决、裁定，是发生法律效力的判决、裁定；上级人民法院按照审判监督程序提审的，按照第二审程序审理，所作的判决、裁定是发生法律效力的判决、裁定。人民法院审理再审案件，应当另行组成合议庭。"此时中院审理属于提审，故应适用二审程序。

4. 不影响法院的执行。

根据《民事诉讼法解释》第479条第1款规定："在执行中，被执行人通过仲裁程序将人民法院查封、扣押、冻结的财产确权或者分割给案外人的，不影响人民法院执行程序的进行。"

5. 战某可以提出执行异议。

根据《民事诉讼法解释》第479条第2款规定："案外人不服的，可以根据民事诉讼法第二百三十四条规定提出异议。"

★ "每个绝望的路口都会有另一片希望的天空，当你感觉无路可走的时候，定会有一种迫使你腾空而起的力量，那便是奇迹。"